NO TE ENROQUES

Psicoajedrez para mejorar tu vida

MARÍA RODRIGO YANGUAS

NO TE ENROQUES

Psicoajedrez para mejorar tu vida

HarperCollins

Editado por HarperCollins Ibérica, S. A.
Avenida de Burgos, 8B - Planta 18
28036 Madrid

No te enroques. Psicoajedrez para mejorar tu vida
© 2022, María Rodrigo Yanguas
© 2022, del prólogo, Rey Enigma
© 2022, para esta edición HarperCollins Ibérica, S. A.

Gráficos de ajedrez: chess.com, chesskids y perfil de David Antón en la web de la FIDE, www.fide.com
Diseño de cubierta: LookAtCia
Foto de la autora: Marcos Jiménez
Maquetación: Raquel Cañas

ISBN: 978-84-9139-777-9
Depósito legal: M-13808-2022

A mi familia, a mi yayito eterno

A mis compañeras de vino y vida

A ti lector, por creer en la magia del ajedrez

ÍNDICE

Prólogo

Quiero empezar este prólogo con un enorme agradecimiento a María. Agradecimiento, en primer lugar, por la maravillosa labor de divulgación que realiza transmitiendo los valores y beneficios del ajedrez con esa alegría que la caracteriza. Su perfil como doctora en Psicología y maestra Fide de ajedrez es, además, ideal para desengranar el papel fundamental de la psicología en ajedrez y transformarlo en motivación, consejos y aprendizaje para todos los que amamos este deporte.

Por otra parte, agradecimiento por su ayuda y su buena predisposición desde el primer contacto que tuve con ella hace un año. Muchos no lo sabrán, pero María fue la primera persona con la que hice una colaboración presencial. La contacté de un día para otro para jugar una partida en la plaza de Ópera en Madrid y aceptó sin saber absolutamente nada de Rey Enigma en ese momento.

Desde entonces empezó una bonita «amistad enigmática» en la que hemos vivido muchos momentos especiales como nuestra actuación en el programa *Got Talent*. Y no, para aquellos que lo pregunten, ¡María no sabe mi verdadera identidad! Y lo mejor es que, como ella suele decir, no quiere saberlo.

Y es que María es de esas personas que, a poco que las conozcas, sabes que se puede confiar, al igual que confío que este libro va a ayudar a mucha gente a apreciar la «magia» del ajedrez. Estoy convencido de que esta obra va a encantar a toda la comunidad ajedrecística en su conjunto, ya que une lo mejor de la psicología con lo mejor del ajedrez.

Un abrazo enigmático y a disfrutar de esta gran obra.♥ ♟

Rey Enigma

Introducción.
La serendipia del ajedrez

Tictac, tictac... Ese sonido incesante que acompaña a mis pensamientos mientras estos revolotean alrededor de las piezas de ajedrez... Tictac, levanto la mirada del tablero para observar el tiempo que me queda en el reloj. Marca cincuenta segundos frente a los cuarenta del rival. Vuelvo a bajar la mirada y ahora trato de que mis pensamientos aumenten por cien la velocidad a la que discurren por mi mente, con el fin último de elegir la jugada precisa entre las cincuenta legales que existen en la posición. Mi mano decidida coge la dama y la desplaza a la casilla f7. Pulso el reloj y el tiempo del rival comienza a bajar: treinta y nueve, treinta y ocho, treinta y siete... La adrenalina me recorre todo el cuerpo y de golpe siento un encontronazo abrupto entre mi cabeza y mi corazón.

Mi cabeza afirma que es una buena jugada, sin embargo, mi corazón dictamina que no. Aguanto la compostura, tratando de que mi lenguaje no verbal exprese seguridad, aunque en el fondo tiemblo de incertidumbre. Incertidumbre que se disipa de golpe cuando mi rival me responde con alfil a la casilla e4. De nuevo, me toca responder... Tictac, tictac.

Cada vez que me siento delante de un tablero mi mundo real se detiene y da comienzo una nueva vida en donde solo existen las 64 casillas y 32 piezas que componen el ajedrez. Una vida entera que se puede contar en apenas unos minutos.

Esta vida comienza con la APERTURA, que consiste en las jugadas que empleamos para desarrollar las piezas. Esta fase es crucial y determina cuál será el hilo conductor del resto de la partida. La apertura en el ajedrez se asemeja al comienzo de la vida de cualquier ser humano, las primeras jugadas ya están escritas, alguien las ha jugado en el pasado y nosotros las memorizamos y las imitamos una nueva vez en el tablero, sin querer tener mucho margen de maniobra de inventiva, ya que sabemos que esos movimientos son los mejores. Lo mismo ocurre en nuestro desarrollo evolutivo. Durante los primeros años estamos bajo la orden de nuestros progenitores y son ellos los que comienzan a decidir por nosotros —la comida, la ropa, el colegio, los ratos libres...—. La ciencia afirma que los primeros cinco años son determinantes para el desarrollo cognitivo, socioemocional y afectivo de cualquier persona, al igual que en una partida, un mala apertura y el futuro de la misma casi se verá sentenciada.

A continuación, viene una segunda fase, llamada MEDIO JUEGO. En esta fase la imitación desaparece y somos nosotros los que tenemos que comenzar a pensar y crear nuestras propias jugadas; en definitiva, se da comienzo a una partida única e irrepetible. Cada bando establece sus objetivos, viendo cuáles son sus fortalezas y debilidades, y traza un plan para vencer al rival. En nuestro desarrollo de vida lo podemos asimilar a la juventud y adultez. En estas fases vamos adquiriendo conocimientos, nos formamos académicamente, establecemos relaciones afectivas, buscamos un trabajo, trazamos un plan de vida y lo llevamos a cabo. Pero la vida, igual que en una partida de ajedrez, no siempre es de color de rosa, y tenemos un contrincante que trata de ponernos trabas en el camino. Con la experiencia, aprendemos a tener un buen ojo avizor para saber detectar los contratiempos. Vamos adquiriendo herramientas para esquivar o enfrentarnos a las dificultades y tratamos de seguir adelante anteponiéndonos a los jaques de la vida. La última fase se llama FINAL. En esta quedan pocas piezas en el tablero, ya que se han ido cambiando a lo largo de la partida. Esta ya queda sentenciada y el resultado está decidido. La partida se termina y todas las piezas vuelven a su cajón de madera. Como en la vejez, la vida de un anciano está llena de recuerdos, de toma de decisiones, de aciertos y errores, pero la muerte acaba por llegar poniendo fin a la vida.

Es increíble la cantidad de vidas que he vivido en una sola, y aún siento que quiero vivir muchas más. Mi serendipia comenzó cuando tenía apenas cinco años y mis padres decidieron apuntarme a clases de ajedrez por los beneficios que me podía aportar. Yo era una niña muy movida, no prestaba atención a nada, como solían decir, un elefante en una cacharrería. He de reconocer que los inicios fueron duros, yo quería correr, brincar, gritar, y no estar sentada delante de un tablero de ajedrez en silencio, algo lógico para la terremoto que frecuentaba ser. Sin embargo, algo comenzó a cambiar de repente. Cada vez que empezaba una partida suponía un nuevo reto al que me enfrentaba, vislumbraba aventuras, imaginaba una historia que contar, me sentía segura frente a mis 16 guerreros. Me ensimismó tanto que ya no pude dejar de jugar y jugar. Serendipias de la vida. Ahora, veintiséis años después, soy yo quien utiliza el ajedrez como herramienta de entrenamiento mental y emocional.

Este libro no enseña a jugar al ajedrez. Este libro trasciende a lo esencial de este deporte para hablar sobre los valores cognitivos y emocionales que nos proporciona su práctica. Para mí, la vida es una partida de ajedrez en la que cada jugada, cada decisión tomada, tiene una repercusión que va forjando el camino y moldeando nuestro yo del futuro. El ajedrez enseña concentración, autocontrol, reflexión, constancia, empatía, responsabilidad, y saber que siempre existe un movimiento en la vida para poder encontrar una solución, aunque la situación esté impregnada de tinte negro. El libro está escrito desde el corazón. Cuento anécdotas y vivencias como ajedrecista y como psicóloga en el ámbito deportivo y terapéutico. El libro está dividido en dos bloques. En el primero de ellos explico cómo el ajedrez puede aplicarse en el entorno educativo, terapéutico, social y empresarial. En el segundo he querido desnudar mi alma para hablarte de las diez bondades que me ha proporcionado el ajedrez durante todos estos años. Además, he querido hacerlo práctico para que tú mismo puedas comenzar a vivenciar la magia que se esconde tras el ajedrez. Encontrarás un tipo de actividades llamadas REFLEXIONES que te ayudarán a autoconocerte mejor para tratar de empezar a cambiar el rumbo de tu vida. También otras actividades llamadas RETOS, que serán de índole más cognitivo, con una solución objetiva, que podrás comprobar en el ANEXO 2, y que te servirán de entrenamiento mental.

Por último, debes saber que verás escrito el término PRE-AJEDREZ con el que hago referencia a un nivel de ajedrez básico que incluye el conocimiento de cómo mueve cada pieza y con lo que será más que suficiente para seguir el libro. ¡No te apures si no conoces este nivel! He hecho para ti un ANEXO 1 para que lo aprendas en un periquete.

Quiero pedirte disculpas por no haber utilizado un lenguaje inclusivo en la escritura del libro. La única razón fue para facilitarte la lectura. Sin embargo, esto me ha hecho reflexionar y quizá sea mi instante revolucionario de cambiar de jugada.

Ha llegado el momento de confiar, dejarte llevar por el mágico mundo del ajedrez y descubrir que tú eres el único responsable en mover las piezas para ganar la partida de tu vida.

Un breve recorrido
sobre la historia del ajedrez

De todos es bien sabido que las leyendas tienen un tono mágico, particular, y que son capaces de robar tu atención, de dejarte embelesar por sus palabras para embarcarte en la creación de un mundo infinito de pensamientos imaginarios, y, sin saberlo, comenzar a sentir e imaginar rompiendo los límites de la existencia. Así fue como, con apenas cinco años, Pablo, mi profesor de ajedrez, consiguió que me sintiera atrapada por el infinito mundo del ajedrez.

Cuenta una leyenda que hace mucho tiempo reinaba en una pequeña región de la India un rey llamado Sheram. Este perdió a su hijo en una de las batallas que solía disputar, lo que le sumió en una gran tristeza.

Nada le conseguía consolar a pesar de la cantidad de riqueza que disponía. Un buen día, un sabio llamado Sissa se presentó en la corte y pidió audiencia. Sheram aceptó reunirse con él y Sissa le ofreció un juego que había inventado él mismo: el juego del ajedrez.

Era un juego divertido que consistía en una batalla sobre un tablero de 64 casillas y 16 piezas por cada bando, en el que era necesario planificar para vencer al adversario.

Nuestro rey comenzó a jugar ¡y se sintió embelesado por el ajedrez!, haciendo que su pena comenzara a desaparecer. Como recompensa, le dijo a Sissa que pidiera todo lo que deseara.

Al cabo de unos días Sissa volvió a la corte.

—Mi rey, ya sé mi recompensa. Quiero que me manden un grano de trigo por la primera casilla del tablero.

Sheram anonadado replicó:

—¿Un simple grano de trigo? ¿Solo eso?

	A	B	C	D	E	F	G	H	
8	2^{56}	2^{57}	2^{58}	2^{59}	2^{60}	2^{61}	2^{62}	2^{63}	8
7	2^{48}	2^{49}	2^{50}	2^{51}	2^{52}	2^{53}	2^{54}	2^{55}	7
6	2^{40}	2^{41}	2^{42}	2^{43}	2^{44}	2^{45}	2^{46}	2^{47}	6
5	2^{32}	2^{33}	2^{34}	2^{35}	2^{36}	2^{37}	2^{38}	2^{39}	5
4	2^{24}	2^{25}	2^{26}	2^{27}	2^{28}	2^{29}	2^{30}	2^{31}	4
3	2^{16}	2^{17}	2^{18}	2^{19}	2^{20}	2^{21}	2^{22}	2^{23}	3
2	2^{8}	2^{9}	2^{10}	2^{11}	2^{12}	2^{13}	2^{14}	2^{15}	2
1	2^{0}	2^{1}	2^{2}	2^{3}	2^{4}	2^{5}	2^{6}	2^{7}	1
	A	B	C	D	E	F	G	H	

—Sí, mi rey —continuó Sissa—. Ahora deseo que se me manden dos granos de trigo por la segunda casilla, cuatro granos por la tercera casilla, ocho granos por la cuarta casilla...

—¡Basta! —gritó Sheram—. Recibirás el trigo que corresponda por las 64 casillas del tablero de acuerdo a tu deseo pedido: iré doblando el número de granos por cada casilla. Pero he de decirte, Sissa, que me siento indignado por tu recompensa tan mísera e irrelevante, me siento despreciado por el pedido que has hecho a tu soberano. Esta misma noche mis servidores te darán el trigo que has solicitado.

Sissa abandonó la sala y esperó en las puertas del palacio para recibir su recompensa.

Los mejores matemáticos del reino tardaron horas y horas en calcular la cantidad de trigo que le correspondía a Sissa.

—¡Oh, soberano, tenemos un problema! —le dijo uno de sus súbditos al rey—. La cantidad de grano que pide Sissa no existe en todos los graneros de nuestro reinado, ni siquiera en el mundo entero.

El rey no cabía en su asombro.

—¡Dime cuál es la cifra tan monstruosa de granos de trigo! —replicó el monarca.

—La cifra total son dieciocho trillones, cuatrocientos cuarenta y seis mil setecientos cuarenta y cuatro billones, setenta y tres mil setecientos nueve millones, quinientos cincuenta y un mil seiscientos quince (18 446 744 073 709 551 615).

¿Sabes en qué se traduce esta cuantía? ¡Se necesitarían todas las cosechas mundiales de algo más de mil años para conseguir sumar esa cantidad de trigo! Con mi cabecita de cinco años no sabía bien lo que significaban tantos granos, ¡si ni siquiera sabía de la existencia de ese número!, lo que sí entendí en esa primera clase fue la infinidad que hay detrás del ajedrez.

El tiempo pasó y el ajedrez fue apoderándose de mi curiosidad, quería jugar más, aprender más jugadas, más estrategias, quería más herramientas para ganar.

Un buen día, a mi mente inquieta y decidida le despertó la chispa y le preguntó a Pablo sobre el verdadero origen del ajedrez.

Estaba convencida de que debía tener una increíble historia, y ¡claro que la tenía!

El juego del ajedrez comenzó en la India en el siglo VI d. C. con el nombre de *chaturanga*. A partir de aquí arrancó su viaje sin retorno, atravesó cientos de países gracias a las rutas comerciales y tuvo una ensimismada acogida en ellos. Era jugado en las calles de todo el mundo y llegó a ser considerado el pasatiempo favorito de la nobleza, ¡incluso se utilizó para el cortejo!

Un hecho histórico importante ocurrió en el siglo XVI, donde algunas de sus reglas cambiaron, y llegó a convertirse en el ajedrez que actualmente practicamos. ¿Sabías que el ajedrez ha estado muy arraigado a la historia evolutiva de la humanidad, a las guerras, a la política, pero también a la cultura, las artes, la lengua, la música, el cine…? En definitiva, ha impregnado a diferentes civilizaciones con su bicolor y con el danzar de sus piezas durante muchos siglos ¡y los que quedan!

En fin, el ajedrez es mucho más que un tablero de 64 casillas, 32 piezas y dos colores. Y esta es precisamente la magia que Pablo me enseñó a descubrir desde mis primeras clases. Como dice la leyenda, el ajedrez puede ser la suma de pequeños e insignificantes granos, pero todos ellos en su conjunto hacen de él un juego lleno de infinitas posibilidades.

EL AJEDREZ
COMO ESCUELA
DE VIDA

E l juego del ajedrez parece eterno, sin fecha de caducidad. Asombra y sigue fascinando a todos aquellos que se atreven a sentarse delante de un tablero y se dejan embarcar en este deporte tan cognitivo, pero a la vez tan emocional.

Se dice que es un deporte debido a la competitividad; que es un arte debido a la creación que se hace en cada una de las partidas; y que es una ciencia debido a que es utilizado como herramienta de investigación en diferentes ámbitos. Yo añadiría que es vida debido a las lecciones, aprendizajes y experiencias que nos brinda cuando lo practicamos.

> El ajedrez es considerado un deporte, un arte, una ciencia, pero, sobre todo, una escuela de vida.

La magia que se esconde detrás es que rompe todas las barreras: no entiende de edades —puede jugar un niño de cuatro años contra un anciano de noventa— ni de género —hombres y mujeres juegan conjuntamente— ni de lenguaje —pueden jugarlo dos personas con dos idiomas diferentes—. En definitiva, el ajedrez es para todos y todas. Es un juego que se basa en unas reglas sencillas, sin embargo, se necesita de toda la maquinaria cerebral para practicarlo.

Cuando jugamos una partida, necesitamos recordar cómo se mueve cada una de las piezas, tenemos que planificar y trazar un plan a corto, medio y largo plazo, debemos estar atentos a las 64 casillas del tablero, ser capaces de ponernos en la mente del rival y pensar qué jugada nos querrá hacer; pero es que, además, debemos ser empáticos con nuestro adversario, aprendiendo a ganar y a perder.

Jugar al ajedrez nos enseña a autoconocernos emocionalmente, también a etiquetar las emociones, regularlas y gestionarlas. Aprendemos la importancia de la constancia y la perseverancia, la capacidad de reflexión, el parar y pensar y no dejarnos gobernar por la impulsividad. Para mí, el valor estrella que me ha aportado es la tolerancia a la frustración. Desde niña inicié el aprendizaje de la derrota, pero igualmente del saber levantarme y seguir construyendo. Como bien decía Andrés Ferriz —un maestro al que tuve el placer de conocer—, se necesitan cien derrotas para ganar una partida. El dolor punzante que se siente en el corazón con cada una de ellas hace que en la memoria se quede grabado el aprendizaje de esa pérdida, qué jugada o jugadas, ideas, planes, fallaron en esa partida, y es ahí donde se produce el aprendizaje crucial que, inconscientemente, se queda almacenado en la cabeza y hace que no se vuelva a cometer en el futuro.

Así que puedes hacer cálculos de las partidas que he perdido en estos veintiséis años que llevo jugando al ajedrez. Todas estas derrotas han sido una escuela de aprendizaje para convertirme en la mujer que soy ahora. Me han enseñado a buscar soluciones, anteponiendo la razón a la emoción cuando la situación estaba complicada, a tomar la responsabilidad de cada uno de mis movimientos y decisiones, a valorar el esfuerzo y la constancia, a conocer la alegría de la victoria, la oportunidad de visitar muchos países y tratar con personas maravillosas a las que nos une una misma pasión: el ajedrez.

En la última década, el ajedrez ha dejado de ser considerado únicamente un deporte y ha pasado a ser una herramienta educativa, social y terapéutica. Ha comenzado a ser estudiado por científicos en diferentes campos —psicología, neurociencia, matemáticas, educación e informática—. Algunos de los objetos de investigación han sido la percepción, la memoria, la atención, las funciones ejecutivas; además de la creación de programas específicos de ajedrez y el desarrollo de la ciencia computacional.

Uno de los tópicos más extendidos sobre el ajedrez es que cualquier persona con un nivel alto en este juego es una persona prodigia. Sin embargo, esto no es del todo cierto. Para alcanzar un alto nivel de ajedrez es necesario una combinación favorable de factores. Es necesario buenas habilidades ajedrecísticas, un positivo ambiente que propicie el aprendizaje y un buen instructor que guíe y enseñe de manera eficiente. Como cualquier habilidad en nuestra vida, lo innato nos viene de serie, pero sin dedicación, trabajo y esfuerzo solo se quedará en lo anecdótico.

Te aviso de que a lo largo de este libro voy a hacer trizas tu máxima creencia de que el ajedrez es un deporte para ¡inteligentes! Vas a descubrir cómo todas las personas, independientemente de su condición mental, pueden beneficiarse cognitiva y emocionalmente de su práctica, porque el ajedrez es JUEGO y esto intrínsecamente conlleva la acción de «jugar», lo que implica DIVERTIRSE.

1

LA POTENCIAL HERRAMIENTA
DEL APRENDER A APRENDER

Me gusta ir inyectando bichitos de ajedrez en las cabezas de las personas. Son bichitos inofensivos, inertes y no nocivos para la salud. Como todo ser viviente, tienen la cualidad de crecer y expandirse si se los alimenta, pero si no reciben la atención suficiente, no crecerán y se mantendrán callados, quietos, sin estorbar, en un rincón de tu mente, pero ya nunca desaparecerán. Y es que estos bichitos tienen una propiedad que les hace únicos, son inmortales. A partir de ahora estarán siempre en tu cabeza, siempre recordarás irremediablemente qué es el AJEDREZ.

Si estás leyendo este libro es porque quieres aprender sobre la alimentación de tus bichitos, o quizá este tema no es de tu incumbencia y te ha pillado desprevenido, o ya piensas que sabes todo acerca del ajedrez. Por unas o por otras, déjame que te dé la primera dosis para tus bichos y a partir de aquí tú decides. ¿Aceptas el trato?

Se dice que alrededor del setenta por ciento de las profesiones y trabajos a los que se dedicarán las futuras generaciones aún no existen o se están inventando ahora. Quizá el sistema educativo actual debería ser replanteado para dejar de centrarse en la pura memorización y comenzar a enseñar desde las primeras edades la capacidad de reflexión, de pensar, de toma de decisiones, de flexibilidad de pensamiento, de autoconocimiento emocional, para preparar a las generaciones venideras a trabajos todavía inexistentes, en donde el pensamiento crítico y el componente emocional serán cruciales.

> Se hace necesario cultivar a las futuras generaciones en el pensamiento crítico y en la inteligencia emocional.

Ya en los años ochenta, Howard Gardner, psicólogo americano, fue uno de los pioneros en dar luz al camino de un nuevo tipo de enseñanza educativa. Gardner se alejó de los conceptos tradicionales de inteligencia que estaban basados únicamente en conocimientos lógico-matemáticos y de lenguaje y conceptualizó la inteligencia de manera múltiple, acuñando el término de inteligencias múltiples. Para Gardner, el éxito de una persona no requiere solo de conocimientos académicos, sino que necesita de otras clases de inteligencia para poder llegar a ser funcional en la vida. Argumentaba cómo dependiendo del individuo y del ámbito de actuación se necesitará más de un tipo de inteligencia o de otro. ¿Será coincidencia? Pero es que cuando jugamos al ajedrez entrenamos seis de las ocho inteligencias que Gardner propuso: lingüística, lógico-matemática, corporal-cinestésica, espacial, interpersonal, intrapersonal.

Jugada a jugada, el ajedrez está llegando a las aulas de muchos rincones del mundo y se está convirtiendo en una de las asignaturas cruciales que potencia el desarrollo cerebral y emocional de los escolares. Hoy es bien sabido que el ajedrez es una potente herramienta educativa que interviene en la mejora cognitiva —sirve de entrenamiento de las habilidades de raciocinio, lo que repercute en las calificaciones escolares, principalmente en matemáticas, en habilidades lectoras y en idioma extranjero— y en la del área emocional —produciendo una mejoría en la autoestima y autoconfianza, aumentando el sentimiento de responsabilidad, aprendiendo a ganar y a perder y a ser tolerantes a la frustración—.

> El ajedrez es una potente herramienta de entrenamiento cognitivo y emocional para la vida diaria. Y lo que multiplica su efecto es que ¡es un juego!, lo que conlleva diversión. Con el ajedrez entrenas la mente desde el jugar.

Rusia fue el primer país en tomar conciencia de los beneficios que suponía la práctica del ajedrez para la educación de los escolares, y para ello elaboraron un plan nacional de enseñanza de ajedrez, aparte de potenciar este en el ámbito deportivo, lo que los llevó a convertirse en la primera potencia mundial del ajedrez. Años más tarde, el mundo occidental ha comenzado a hacerse eco de los grandes beneficios que implica su práctica en los escolares y muchos otros países han empezado a diseñar e implementar estratégicos planes nacionales de ajedrez educativo, junto con la realización de un número extendido de investigaciones sobre ajedrez educativo dirigidas por potentes grupos de investigación en el mundo.

Un hito histórico para el ajedrez educativo en España ocurrió el 11 de febrero del 2015. El Congreso de los Diputados aprobó por unanimidad el decreto de no ley de implantación del ajedrez en el ámbito escolar. Hoy, diez de las diecisiete comunidades autónomas lo han integrado en el horario escolar.

El ajedrez es utilizado como una herramienta transversal en matemáticas, idiomas y educación física. Es decir, es el hilo conductor para explicar conceptos en dichas asignaturas. Por ejemplo, en el caso de las matemáticas, podemos explicar nociones básicas como son filas, columnas y diagonales usando únicamente un tablero de ajedrez.

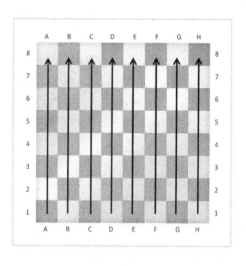

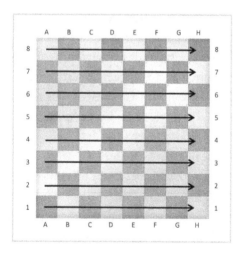

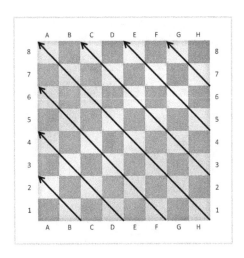

También podemos explicar figuras geométricas con los movimientos de las piezas de ajedrez. Por ejemplo, uniendo los dos posibles movimientos del alfil hacia una casilla, observamos cómo se dibuja un cuadrado.

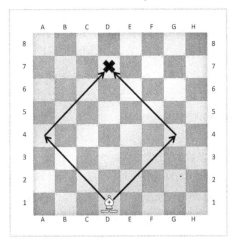

O, uniendo las posibles casillas a las que un caballo puede saltar comprobamos cómo se dibuja un círculo.

Además, algunos colegios han ido más lejos y han incluido el ajedrez como asignatura escolar semanal por los beneficios intrínsecos que tiene el simple hecho de jugar.

¿Estás comenzando a pensar que quizá el ajedrez sea una potencial herramienta educativa para trabajar cognitiva y emocionalmente con nuestros escolares?

Permíteme que te siga alimentando el bichito del ajedrez en tu cabeza y te señale ocho beneficios que aporta el ajedrez como herramienta educativa.

Desarrollo del autocontrol

El ajedrez está basado en unas reglas en las que el turno es cambiante. Cuando un jugador hace una jugada, este debe esperar la respuesta de su rival para iniciar de nuevo otro movimiento y replicar a su adversario. Para ello, se hace necesario pensar y reflexionar sobre la amenaza que plantea el contrincante. Como solemos decir, debemos tratar de ponernos en su mente y entender el porqué de su jugada, ya que entonces nuestra réplica será mejor. Esto hace entender al escolar cómo la impulsividad solo le lleva a cometer errores por hacer que se precipite en la respuesta y comprender que adoptando una actitud de calma, de reflexión y autocontrol en él mismo, conseguirá plantar cara a su adversario.

He de confesarte que este punto es la máxima terribilitis que tienen todos los padres: «Es que mi hijo hace todo sin pensar». Es importante saber que el autocontrol de los niños está intrínsecamente relacionado con su propio desarrollo evolutivo y su madurez, pero como todo en la vida ¡se puede entrenar!

Un ambiente favorable y estimulante puede ayudar a potenciar la capacidad de autocontrol en los menores.

Te propongo un ejercicio de pre-ajedrez. Coloca delante de tu pequeño un tablero de ajedrez, aunque no sepa jugar, con diferentes piezas esparcidas por las casillas —como se muestra en la imagen— y mira cómo reacciona e interactúa ante ellas.

Una vez que se haya familiarizado con las piezas, comienza a contar una historia conjuntamente, manteniendo un diálogo con él, de tal forma que cada uno deba mover una pieza en cada turno, haciendo silencios estratégicos en cada movimiento.

Con este ejercicio comenzará a aprender la importancia de los turnos, a tratar de esperar tranquilamente a que tú realices tu jugada y a escuchar el silencio que se genera entre cada movimiento.

MI PEQUEÑO CORRECAMINOS

Damián tenía seis añitos cuando comencé a dar clases con él, un auténtico renacuajo, pero con mucho potencial. Le solía llamar con cariño el correcaminos, ya que ¡era rapidísimo! Antes incluso de que el rival hubiera hecho su movimiento, él ya estaba cogiendo una pieza para realizar el suyo. Claro que era muy pequeño para tener la templanza del parar y pensar, pero había que empezar a trabajarlo si queríamos que rindiera al máximo de su potencial en los torneos.

Para ello, Damián y yo nos trazamos objetivos en cada partida de torneo que disputara. En la primera pensaría tres minutos, en la siguiente cuatro, en la siguiente cinco, y así sucesivamente hasta que alcanzáramos veinte minutos en una. ¡En ese momento conseguiría una pequeña recompensa!

Meses más tarde, ¡ese día llegó! Siempre me llamaba en cada partida para contarme cómo le había ido, qué había aprendido, pero ese día fue diferente. Mi teléfono sonó y con una voz que irradiaba felicidad únicamente me dijo que había pensado veinte minutos y que se iba a jugar con sus amigos y me colgó. ¡No me dijo el resultado de la partida! Para él era lo de menos en ese momento. Damián se había sentido autorrealizado después de meses trabajando el autocontrol ¡ya era capaz de parar y pensar! Él sabía que a partir de ese día comenzaba una nueva etapa en su carrera ajedrecística.

Aprender a pensar cómo

Un aspecto clave en el pensamiento ajedrecístico es la habilidad continuada de marcar pequeños objetivos estratégicos, elaborar y trazar un plan para su consecución y saber lidiar con las jugadas del rival que, por supuesto, harán que no sea tan fácil llegar a conseguirlo. Para ello, almacenamos y creamos de manera inconsciente un sistema de pensamientos y de patrones ajedrecísticos que nos permiten poner el foco de análisis en rasgos, en peculiaridades de la posición, evitando la dispersión de la atención para, finalmente, ser capaces de seleccionar la jugada que consideramos que es la mejor en la posición. Por ejemplo, en una posición determinada, si sabemos identificar el patrón por el que una dama y una torre se han puesto de acuerdo para colocarse en una misma columna, eso nos genera confianza al identificar un patrón familiar que sabemos que es bueno y a partir de ahí pensamos en jugadas para aprovechar este potencial.

¡Ha llegado el momento de que comiences a poner tu mente en marcha y para ello te propongo tu primer reto pre-ajedrecístico con el objetivo de trabajar el pensamiento planificador!

Reto 1. Cada pieza con su pareja

En este primer reto tu misión es unir las piezas de ajedrez que sean iguales mediante líneas rectas —por filas y columnas—, haciendo que los caminos no se crucen entre sí. El objetivo del ejercicio es realizar un entrenamiento en planificación. Para poder realizarlo, lo primero que debes hacer es observar las piezas que hay en el tablero y, solo después, preguntarte cómo unir estas piezas. Una vez terminado el ejercicio, comprueba la solución en el Anexo 2.1.

Mira el ejemplo:

Esto sería lo correcto porque
las líneas no se cruzan.

Esto sería incorrecto porque las
líneas se cruzan.

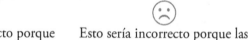

¡Tu turno!

Los tres verbos que nos enseñan cuando jugamos al ajedrez son
OBSERVAR la posición, PENSAR sobre la posición y PREGUN-
TAR sobre la posición. Tratar de llevar estas rutinas de pensamien-
to a tu vida te ayudará a mejorar en la toma de decisiones, comen-

zarás a flexibilizar la mente, a observar otras jugadas con diferente perspectiva y así, al considerar más alternativas, estarás evitando jugar impulsivamente y mover la primera pieza que se te pase por la cabeza.

> Hay tres verbos cruciales en el ajedrez que pueden extrapolarse a la vida: OBSERVAR la situación, PENSAR sobre diferentes alternativas y PREGUNTAR por el prójimo para entenderle.

Este aprendizaje lo puedes extrapolar a la vida diaria. Por ejemplo, observa la posición de ajedrez que tienes delante de ti. Esta ilustra la representación de una receta de cocina. Tú eres el alfil blanco y las seis piezas negras representan los pasos para hacer una tortilla francesa.

¿CÓMO COCINAR UNA TORTILLA FRANCESA?

Peón. Batir los huevos.
Alfil. Poner el aceite, la sal y los huevos en la sartén.
Caballo. Apagar el fuego y sacar la tortilla de la sartén.
Torre. Estar pendiente del fuego.
Dama. Ir a la compra a por huevos, aceite y sal.
Rey: Poner la mesa y *voilà*!

El objetivo de esta actividad de pre-ajedrez es que con el movimiento del alfil —para recordar cómo se ve al Anexo 1— vayas capturando las piezas según el orden correcto que hay que seguir para hacer una tortilla francesa.

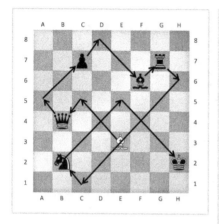

¿CÓMO COCINAR UNA TORTILLA FRANCESA?

1.º Dama. Ir a la compra.

2.º Peón. Batir los huevos.

3.º Alfil. Poner el aceite, la sal y los huevos en la sartén.

4.º Torre. Estar pendiente del fuego.

5.º Caballo. Apagar el fuego y sacar la tortilla de la sartén.

6.º Rey. Pone la mesa.

Con este sencillo ejercicio estás trabajando el pensar «cómo», entremezclando el ajedrez con una actividad de la vida cotidiana, ¡cocinar! Es necesario que observes el tablero y planifiques para ser capaz de encontrar la manera correcta de realizar una tortilla francesa. Claro, que este ejercicio se puede hacer con cualquier actividad de la vida. ¿Te animas a planificar una actividad de tu rutina a través de un tablero de ajedrez?

Fomento del pensamiento creativo

Jugar al ajedrez es un arte, cada partida es única e irrepetible y esta se crea gracias a la interacción continuada entre los dos jugadores. Las dos cabezas se deben acostumbrar a inventar y buscar diferentes jugadas alternativas —en ajedrez lo llamamos jugadas candidatas— a cada una de las réplicas del rival, para después elegir entre todas ellas, la mejor. Es decir, somos inventores de elocuentes pensamientos e ideas que nos convierten en personas multifacéticas.

Robert Ferguson, en sus investigaciones con ajedrez educativo, observó cómo los estudiantes que asistían a clases de ajedrez de manera continuada mostraban una mayor puntuación en las variables de creatividad y pensamiento crítico, y en particular, en originalidad. Y es que cuando estamos en medio de una partida, si el oponente resquebraja nuestro plan A, en milisegundos la cabeza comienza a correr por las letras del abecedario, B, C, D, E…, creando otros planes alternativos y buscando la letra exacta, ese movimiento perfecto que nos encaje para responder al adversario. En ajedrez estamos obligados a mover, a reaccionar, de lo contrario, si no realizamos ningún movimiento, automáticamente el tiempo se agotará y perderemos la partida. Por ello, con el ajedrez aprendemos a reaccionar, a tomar decisiones rápido y a romper la parálisis con análisis. El primer término hace referencia al bloqueo mental que se produce cuando nos dejamos arrastrar por pensamientos «inútiles» y circulares que se retroalimentan entre ellos mismos sin encontrar un plan válido, una solución, lo que produce que irremediablemente nos quedemos enganchados a una situación sin salir de ella. Por tanto, no tener creatividad de pensamiento, visión de planes alternativos, nos puede producir un tipo de pensamiento que en lugar de ser constructivo se vuelva destructivo.

Jugando al ajedrez combates la parálisis con análisis,
ya que estás obligado a tomar decisiones en cada
movimiento; así evitarás dejarte atrapar por infinitos
pensamientos reflexivos y circulares sin encontrar
una respuesta satisfactoria.

Fortalecimiento del ego

Somos guerreros sin espada batallando en cuerpo y alma en
cada partida. Luchamos contra el rival, pero también lo hacemos
contra nosotros mismos. Es un tira y afloja constante en el que
ponemos en la balanza nuestros recursos, la energía que invertimos
en cada jugada y la posibilidad de éxito tras ella. La mejora en el
ajedrez es un camino a largo plazo, pero en el que en cada paso de
conocimiento podemos vislumbrar un aprendizaje, una nueva huella en el sendero que nos reconforta.

Para avanzar por la senda del ajedrez es necesaria la constancia
de estudio y la práctica. Pero también se debe cultivar el valor de la
templanza, la capacidad de concentración y de atención. Nos debemos conocer emocionalmente, hemos de aprender a gestionar
las emociones y ser dueños de nuestro cuerpo y mente. Y todo ello
tiene que estar siempre impregnado con aires de motivación, de
diversión, que nos animen e impulsen a seguir caminando.

Cada vez que juegas una partida de ajedrez, implícitamente,
supone una superación personal.
En cada una de ellas, tanto si ganas como si pierdes, te llevas
un aprendizaje que almacenas en tu mochila de vida para
aplicarlo en la siguiente partida.

Desarrollo del pensamiento crítico

Entendemos por pensamiento crítico la habilidad que tienen las personas para analizar y evaluar la información existente respecto a un tema determinado, verificar la validez del mismo y ser capaces de generar argumentos de aprobación o desestimación. Sin embargo, el pensamiento crítico se debe entrenar, ya que por naturaleza solemos entrar en confrontación contra aquellas ideas que chocan con nuestros propios pensamientos y creencias. Estudios científicos han demostrado cómo con la práctica continuada de ajedrez se produce una mejora general en la habilidad del pensamiento crítico y, en particular, en la habilidad de interferencia y autorregulación.

Siempre es bueno recordar que vivimos en la era de la sobreinformación, con tan solo un clic podemos acceder a cualquier contenido proveniente de cualquier rincón de mundo, ¡esto es maravilloso! Pero es que no estamos preparados para ser capaces de seleccionar y verificar entre toda la información la que es verdaderamente fiable de las famosas *fake news* —las falsas noticias—.

Si nos paramos a observar, los ajedrecistas realizamos un proceso de pensamiento crítico ante cada jugada del adversario. ¿Es cierto que me está amenazando algo? ¿Qué nivel de credibilidad tiene en realidad? Lo necesitamos para luchar contra los fantasmas de miedos, amenazas e incertidumbres que hay tras cada pieza y movimiento de nuestro rival, que en muchos casos no son más que eso, fantasmas.

Jugar al ajedrez te proporciona una oportunidad ideal para entrenar el pensamiento crítico, enseñando a los alumnos el aprender a aprender, para así llegar a convertirse en personas reflexivas, tolerantes y humildes.

Como les digo a mis pupilos, cuando jugamos al ajedrez debemos ponernos el traje de cazafantasmas para tener el poder de detectar y capturar los pensamientos y jugadas del rival disfrazados de fantasmas. Porque si los dejamos escapar, estos harán que nos entren dudas sobre nosotros mismos, cambiemos la forma de jugar y los fantasmas nos acabarán dominando.

He de confesarte que mis peques están bien preparados para luchar contra cualquier fantasma. Lo primero que saben es que deben ponerse la capa SPA —este acrónimo hace referencia a las palabras SuperPoder de la Autoconfianza— para que, cuando detecten uno de ellos, confíen en sus propios recursos. Después, saben que han de pensar de la forma más racional posible, contrastando las diferentes variantes de jugadas, trazando un diagnóstico de la posición, viendo las ventajas y desventajas de cada una de las opciones, tratando de gestionar sus emociones para que estas no se desborden y les interfieran en su cálculo. Por último, ahora que ya tienen dominados a los fantasmas, tendrán que dar ese empujón de valor y ¡saltar!, atreverse a realizar la mejor jugada que ellos piensen.

Oye, ¿qué te parece si te pones el traje de cazafantasmas para cazar las *fake news* en tu vida cotidiana? Para ello, primero colócate la capa SPA. A continuación, lee, busca información, acepta y escucha diferentes puntos de vista. Y, por último, sé crítico y lánzate a rechazar y aceptar las diferentes hipótesis y ten el valor de defender tus propias ideas y principios.

Desarrollo de la memoria

El ajedrez es planificación, pero también memorización. Cuando comienzas a jugar tienes que asimilar e integrar el movimiento de cada una de las piezas de ajedrez y su valor. ¡Y *voilà*! Ya estás preparado para iniciar el juego. Ahora bien, si tu objetivo es descubrir y aprender más sobre la riqueza del ajedrez, necesitas ir asimilando tipos de jugadas, estructuras, ideas, que te vayan guiando durante la partida.

En ajedrez se utiliza un tipo de memorización que denominamos *chunks*, es decir, memorizamos patrones relacionables de piezas, dotando a estas relaciones de un significado. Esta memorización es la más potente, ya que nos permite retener en la cabeza un mayor número de piezas de una posición.

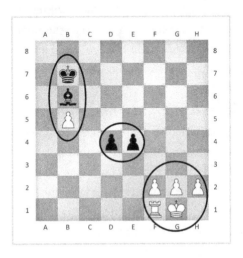

Como puedes ver en el ejemplo, podrías tratar de recordar las diez piezas de golpe sin trazar una estrategia de memorización; o, por el contrario, podrías agruparlas por *chunks* de significado relacional, de esta forma te sería mucho más fácil recordarlo.

Un proceso similar ocurre cuando tratamos de retener palabras y letras.

Te propongo una actividad exprés. Intenta memorizar estas letras durante diez segundos:

D E J R E Z A

Ahora escribe todas las que recuerdes. ¿Qué tal ha ido? Intuyo que no demasiado bien, ¿no? Venga, te doy un consejo. Trata de dar un sentido relacional a las letras y memorízalo de esta forma:

AJEDREZ

Estoy segura de que esta vez ¡no has necesitado ni tres segundos! Nos es más fácil recordar siete letras que podemos dotar de significado relacional que siete *random* sin una unión entre ellas, como ocurre con la posición de ajedrez.

Mejora de las habilidades matemáticas

Ajedrez y matemáticas siempre han ido de la mano, es más, los ajedrecistas solemos tener un alto rendimiento en la asignatura de Matemáticas. ¡Es normal!, ya que cuando jugamos al ajedrez practicamos inconscientemente el pensamiento lógico y matemático en cada jugada. Constantemente estamos analizando, evaluando, seleccionando, razonando e incentivando al pensamiento lógico y crítico en buscar la mejor jugada para resolver el entramado que se presenta en cada una de las posiciones de una partida. Además, ¿sabías que cada pieza tiene un valor diferente? Sí, como has leído, el peón vale un punto; el alfil y el caballo valen tres; la torre, cinco puntos; y la dama, nueve. Esto hace que en cada posición tengamos que estar sumando y restando para saber si vamos ganando en la posición o perdiendo, o si un cambio de piezas nos beneficia o, por el contrario, nos perjudica.

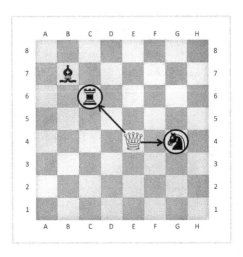

Por ejemplo, en la anterior posición la dama blanca está amenazando con capturar, bien el caballo negro, bien la torre negra. *A priori*, parece mejor capturar la torre negra ¡porque vale más puntos! Sin embargo, si observas la posición con más detenimiento, puedes ver cómo la torre está defendida por el alfil, lo que quiere decir que si la dama blanca captura a la torre negra, ¡el alfil se comerá a la dama y... ¡la PERDEREMOS! Así que la mejor jugada es que la dama capture el caballo, aunque valga menos puntos, ya que de esta forma las blancas seguirán conservando la dama en el tablero.

Utilizando el valor diferente de cada una de las piezas, también se puede trabajar el cálculo matemático. Para ello te propongo el siguiente reto.

Reto 2. Ajedrez matemático

El objetivo de este reto es resolver las cuentas matemáticas según el valor de las piezas que aparecen en el recuadro —para ver la respuesta correcta, ve al Anexo 2.2—.

♛	♗	♜	♕	♔	♘
-9	-3	+5	+9	+20	+3

	Cuenta ajedrecística	Cuenta Matemática	Resultado
1	♗ + ♕ + ♜	(-3) + (+9) + (+5)	+11
2	♔ - ♜ + ♗		
3	♘ + ♕ - ♛		
4	♛ x ♗ + ♜		
5	♕ - ♜ + ♔		

¡Vamos a ir más lejos! Y es que también podemos utilizar el ajedrez para explicar el concepto relativo de las distancias. ¡Sí, como lo oyes! Solo con el tablero y los movimientos de las piezas podemos entender que las distancias, el tiempo que se tarda en llegar entre dos puntos, es relativo y depende de ciertos factores.

¡Fíjate! Imagina que el tablero de ajedrez es ahora el mapa de tu ciudad.

En él puedes observar que aparece una cara sonriente en la casilla c2 que es donde te encuentras ubicado. Ahora tu misión es llegar a la casilla g6 de la forma más rápidamente posible. ¿En qué pieza te quieres transformar para llegar?

Si te transformas tanto en un alfil como en una dama, ¡serías capaz de llegar en solo un movimiento!

Si te transformas en una torre, llegarías a tu objetivo en dos movimientos.

Y si eres un caballo, ¡llegarías a tu objetivo en cuatro movimientos!

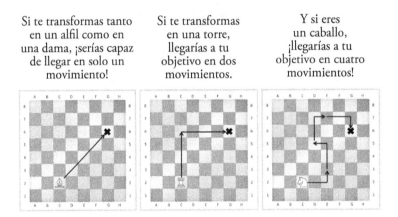

¿Y sabes qué pasaría si fueras un rey o un peón?

Si fueras un rey tardarías cuatro pasos. ¡Los mismos que el caballo!

Sin embargo, si fueras un peón, ¡no llegarías nunca!

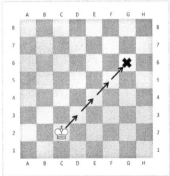

¡Te muestro otro ejemplo más contundente!

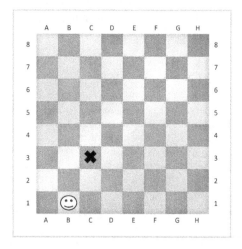

En este mapa te encuentras situado en la casilla b1 y quieres llegar a la casilla c3 de la forma más rápida posible. Así que ahora te pregunto: ¿en qué piezas te transformarías?

El mapa podría parecer mucho más fácil porque está más próxima, pero ¡esconde una trampa!

La mejor respuesta sería transformarte en ¡un caballo!, ya que este puede llegar en un solo movimiento a la casilla c3, mientras que el resto de las piezas tardarían al menos dos casillas.

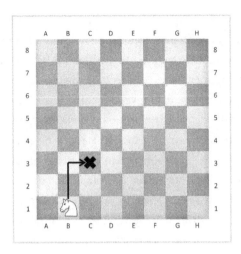

Pero es que, además, si te transformaras en un alfil, ¡no ibas a poder llegar nunca!, puesto que este se situaría en la casilla b2 blanca y tu objetivo se encuentra en la c3 negra.

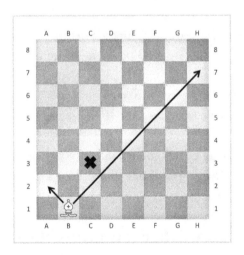

Mejora de las habilidades lectoras

Este hallazgo suele resultar sorprendente. ¡Cómo se puede relacionar el lenguaje y el ajedrez! Su explicación se fundamenta en el entendimiento del aprendizaje cerebral. El procesamiento cognitivo que necesitamos para leer es muy similar al que utilizamos cuando jugamos una partida de ajedrez. La habilidad lectora se puede descomponer en dos procesos: de bajo y de alto nivel.

En los procesos de bajo nivel están involucrados la decodificación de las palabras, el entendimiento de la gramática y el uso de ellas. Por otro lado, en los procesos de alto nivel es necesaria la intervención de un componente informativo contextual y de las habilidades mentales necesarias para analizar, construir y dotar de significado lo que se está leyendo. Así pues, cuando un estudiante lee una palabra, lo primero que hace es realizar un proceso de decodificación para, posteriormente, integrarlo dentro de un preexistente, la frase, dotándolo de un significado general. Este mismo proceso es repetido una y otra vez con cada nueva palabra que se lee.

¡Y es que en ajedrez ocurre un proceso similar! Cuando un ajedrecista realiza una jugada, su rival decodifica dicho movimiento para luego dotarle de un significado dentro de un contexto más general que, en este caso, es la posición de ajedrez.

El ajedrez puede ser utilizado como una herramienta transversal para enseñar asignaturas como las Matemáticas y la Lengua.

¿Es posible que estés comenzando a ver el ajedrez desde otra perspectiva? Déjame que dé una última dosis a tu bichito con este tercer reto y me cuentas, ¡a ver qué te parece!

Reto 3. Sudoku ajedrecístico

El objetivo de este reto es rellenar las casillas que están vacías con las piezas de ajedrez, de tal forma que en cada columna y en cada fila solo haya un tipo de pieza —para ver la respuesta correcta, ve al Anexo 2.3—.

En definitiva, ¿sabes lo que más me gusta del ajedrez como recurso pedagógico? Que independientemente del nivel que se tenga, se puede comenzar a aplicar en las aulas tan solo sabiendo las nociones básicas del juego —conocimiento preajedrez—. Se abre así un mundo lleno de infinitas posibilidades. Soy de la idea de que saber jugar al ajedrez está bien y si, además, lo unimos con el derroche de creatividad que emanan los profesores de sus cabezas, se convierte en la partida perfecta de la educación.

APRENDIZAJES

1. La mayoría de las profesiones a las que se dedicarán las futuras generaciones aún no existen o están creándose ahora.
2. Jugar al ajedrez es una herramienta educativa que interviene en la mejora cognitiva y emocional de los escolares.
3. El ajedrez favorece el pensamiento crítico, el creativo, la memoria, el autocontrol y el fortalecimiento del ego, entre otros.
4. El ajedrez tiene un impacto beneficioso en las habilidades matemáticas y lectoras.

2
Toctoc,
¡DOCTORA, VENGO A JUGAR!

He de confesarte que mi visión del ajedrez cambió por completo una mañana lluviosa de noviembre del 2015. Aún conservo nítidamente el recuerdo de estar en un bar céntrico que solía frecuentar y su olor mañanero a café y tostadas. Mi móvil sonó y al otro lado se encontraba Hilario Blasco, un psiquiatra que en ese momento era un total desconocido para mí, pero que acabó siendo mi tutor de tesis. Después de la presentación y de estar hablando sobre las típicas banalidades del ajedrez, me propuso un proyecto sobre ajedrez terapéutico. Quedamos para tener una entrevista en persona y colgamos el teléfono.

¿Ajedrez terapéutico?, mi cabeza repetía incesantemente de vuelta a mi casa. Mi mente no era capaz de escapar de mis 64 casillas, mi campo de batalla, donde yo me desfogaba día tras día. Pero, el bichito se engendró dentro de mí al comenzar a leer sobre qué era eso de ajedrez terapéutico. Y de golpe entendí que llevaba veinte años autotratando día tras día mis despistes, mi no parar quieta, mi impulsividad, simplemente jugando al ajedrez. Ahora soy yo quien vislumbra un sinfín de peculiares y variopintas expresiones faciales cada vez que comento que me dedico a utilizar el ajedrez como una herramienta terapéutica.

Pero ¿el ajedrez no era un deporte? A lo que me vuelvo pragmática y les devuelvo la pregunta: ¿Cuánto tiempo estarías haciendo un ejercicio de entrenamiento mental sobre una hoja de papel? No sé, ¿veinte, treinta minutos?

Ataco nuevamente con otra pregunta: ¿Cuánto tiempo estarías jugando al ajedrez? Y es en el verbo JUGAR donde reside la clave de mi profesión, utilizar el ajedrez como una herramienta terapéutica. Bien sabemos que el cerebro es racional y emocional. Vamos pintando y tiñendo de colores nuestras vivencias, nuestros recuerdos y aprendizajes, y solo aquellos con los colores que más mis gustan los guardamos; el resto los desechamos. Uno de mis primeros aprendizajes mágicos sobre ajedrez terapéutico es que el ajedrez es un bicho que no se olvida.

EL DOCTOR DEL AJEDREZ

Lo cierto es que recuerdo con añoranza mi primer día de trabajo en el hospital. Yo era una joven bien formada en lo teórico, pero inexperta e inocente en lo práctico. Ahí estaba yo a las ocho de la mañana estrenando mi bata de psicóloga doctoranda y sentada al lado del que sería mi mentor durante los próximos cuatro años. Lo primero que me llamó la atención de la consulta de Hilario fue que sobre su mesa había un tablero de ajedrez con las piezas dispuestas para comenzar una partida.

Mientras Hilario me daba las primeras directrices de mi formación, yo no dejaba de mirar de reojo el ajedrez, buscando en él la seguridad de algo familiar —conozco a la perfección cada una de sus entramadas casillas y de sus protagonistas— que me disipara de golpe los nervios de ese día.

Al poco tiempo llamaron a la puerta y una pequeña de ocho años acompañada de su madre entraron en la consulta médica. La niña se sentó en una silla y comenzó a trastear con las piezas de ajedrez. Yo la observaba con atención mientras escuchaba de fondo la conversación que mantenían la madre e Hilario. La pequeña hacía castillos con las torres, jugueteaba con los alfiles, trotaba con los caballos por las 64 casillas… hasta que le preguntó a Hilario si podía jugar una partida conmigo y comenzamos a hacerlo hasta que el tiempo de consulta se acabó y terminamos la partida. Madre e hija abandonaron la consulta y a los pocos minutos un nuevo peque entró acompañado esta vez por sus dos padres.

La historia se repitió de nuevo. El niño comenzó a interactuar con el tablero, sin embargo, el juego fue totalmente diferente al de la pequeña, las construcciones con las piezas, el movimiento de los caballos; él prefirió jugar más con los peones… En definitiva, otra partida. Y esto mismo se repitió con todos y cada uno de los pacientes. Al finalizar el día me preguntó qué había aprendido. Y antes de que yo contestara me dijo:

—¡El ajedrez es más que un deporte! Puede ser utilizado como una herramienta diagnóstica que los médicos y psicólogos pueden tener en consulta para evaluar y ver la evolución de sus pacientes, atendiendo a muchos factores, por ejemplo, a la interacción con las piezas, si juegan solos o piden ayuda, si juegan con todas las piezas o solo con algunas, a cómo las colocan en el tablero… Y, principalmente, tener la posibilidad de jugar al ajedrez hace que las consultas sean mucho más amenas para los más pequeños y quieran ir al médico.

En ese momento aprendí también que Hilario es conocido como «el doctor del ajedrez».

Me considero una chica curiosa y en mis sesiones de ajedrez terapéutico cada vez que se incorporaba un paciente nuevo solía preguntarle si sabía jugar al ajedrez y cómo aprendió —por cierto, ¿tú sabes jugar al ajedrez? ¿Recuerdas dónde lo aprendiste?—. Curiosamente, la mayoría había aprendido a jugar cuando eran pequeños porque su abuelo, su padre, su tío, en el colegio, les habían enseñado, pero lo mágico residía en que ¡aún recordaban cómo se movía cada pieza habiendo pasado veinte, treinta años, y a pesar de que padecieran una patología mental que les hubiese devastado todo su cerebro! Recuerdo decirme por lo bajini a mí misma: «¿Cómo se pueden acordar de mover cada una de las piezas si yo cada vez que quiero jugar al mus me tienen que recordar las reglas?».

De mi cabeza salen chispas cuando un nuevo paciente confirma mi teoría, y es que el ajedrez tiene esa magia que no se olvida. Su aprendizaje está ligado a lo emocional, lo que hace que perdure en el tiempo haciéndolo imborrable.

> El aprendizaje del ajedrez suele estar ligado a una experiencia emocional —algún familiar, amigo, profesor, te embarca en el mundo ajedrecístico—, lo que hace que se conserve a pesar del paso de los años.

En definitiva, el ajedrez terapéutico se sustenta en el fortalecimiento mental, la vivencia y el aprendizaje de las emociones y, todo ello impregnándose con la llama del juego. Me gusta remarcar que cuando realizo estos talleres de ajedrez, el resultado pasa a un segundo plano y mi objetivo es trabajar cognitiva y emocionalmente los cerebros de los pacientes, no estoy formando campeones.

En las últimas décadas el ajedrez se está usando como una herramienta de entrenamiento cognoscitivo en distintas patologías de salud mental. Se ha utilizado para trabajar con pacientes con esquizofrenia, en donde se ha visto que un entrenamiento regular durante doce semanas ha ayudado a la mejora de sus funciones ejecutivas. También ha habido experiencias con pacientes con adicción a la cocaína, en los que se ha observado que aquellos que añadían jugar al ajedrez a su tratamiento habitual tenían una recuperación más rápida frente a los que seguían únicamente con el tratamiento estándar. Por otro lado, también se ha observado sus beneficios en niños y adolescentes con trastorno por déficit de atención con hiperactividad (TDAH). Se ha comprobado cómo un entrenamiento regular con ajedrez junto al tratamiento habitual ayuda a los pacientes a mejorar en atención y en la sintomatología propia del TDAH.

Podemos también destacar proyectos en los que el ajedrez se está empleando como herramienta terapéutica en patologías del espectro autista. En estas, el ajedrez es un buen aliado clínico debido a que el lenguaje ajedrecístico es no verbal y universal. Cuando se juega una partida de ajedrez, se establece una comunicación bidireccional a través de las piezas en donde no se hace necesario entablar una conversación hablada, que es el déficit principal de estos pacientes.

En los últimos años las investigaciones se están centrando en el uso del ajedrez en personas de la tercera edad y con principio de enfermedades neurodegenerativas. Se ha visto cómo la práctica periódica de ajedrez ayuda a mantener la mente activa y a retrasar, en algunos casos, la sintomatología típica de la vejez.

Todas estas patologías están ocasionadas por un mal funcionamiento de un área o áreas del cerebro humano, y para paliar estos déficits los clínicos acostumbran a realizar ejercicios de entrenamiento cognitivo para alimentar al cerebro y tratar de recuperar la funcionalidad de la que disponía anteriormente.

El ajedrez está siendo utilizado como una herramienta de entrenamiento cognitivo en diferentes patologías de salud mental como las esquizofrenias, la adicción a la cocaína, en pacientes con TDAH, con trastornos del espectro autista y con trastornos neurodegenerativos.

La principal área de intervención es el lóbulo frontal, y en particular el área prefrontal. Esta área, que se localiza en la parte anterior del cerebro, cerca de la frente, la podemos etiquetar como si de un director de orquesta se tratase, pues recibe información de muchas otras partes del cerebro y las integra y las coordina para el buen funcionamiento cognitivo del individuo.

En esta área se localizan las funciones ejecutivas, que son actividades mentales complejas y con un papel principal en el desarrollo cognitivo, emocional, social y moral de las personas. Las necesitamos para adaptarnos y desenvolvernos de una manera eficaz en nuestro día a día y conseguir los objetivos que nos marcamos a corto, medio y largo plazo. Desde que nos levantamos por la mañana, estamos haciendo uso de ellas, por ejemplo, cuando planificamos cómo va a ser el día pensando en lo que vamos a hacer, cuando entablamos una conversación con una persona o cuando conducimos, entre otras.

Las principales habilidades cognitivas de las que están compuestas las funciones ejecutivas son:

La inhibición del autocontrol

Es la habilidad para echar el freno a nuestros impulsos cognitivos, haciendo que nos detengamos a reflexionar antes de actuar, permitiendo concentrarnos en una tarea determinada evitando que distractores, tanto externos como internos, nos jueguen una mala pasada y caigamos en la tentación del actuar sin pensar.

El ajedrez es la mejor escuela que enseña el valor de la paciencia y el autocontrol. ¡Siempre, en cada movimiento, hay que esperar a que el rival mueva para realizar nuestra próxima jugada! Pero, para más inri, la respuesta del adversario puede destruir en mil añicos tu jugada pensada y hacer que tengas que reflexionar y pensar un nuevo movimiento, empezar de cero. Todos sabemos que sería contraproducente mover sin tener en cuenta las maldades que se esconden tras las piezas del contrincante, sin embargo, muchas veces caemos y recaemos en el pecado de la impulsividad.

Me gusta realizar un ejercicio para trabajar el autocontrol en los pacientes en el que utilizo un tablero gigante de tal forma que jueguen por equipos. El objetivo es jugar una partida normal de ajedrez, pero en la que tienen que dialogar entre los integrantes del propio equipo y ponerse de acuerdo en la jugada que van a realizar antes de mover.

He de confesarte que las tres palabras mágicas que me acompañan en mi práctica diaria de ajedrez son PARA, RESPIRA y PIENSA, para evitar que el sentimiento impulsivo se apodere de mi mano y juegue por mí.

En esta dinámica se pueden observar muchos aspectos de cada paciente individualmente —quién participa más, qué tipo de jugadas dice, cómo se comporta ante los comentarios del grupo—, así como de su interacción con el resto del grupo —quién es el líder, qué tipo de jugadas acaban haciendo, cómo se relacionan entre ellos—. Durante la práctica de este ejercicio es muy habitual que en algún momento algún jugador se adelante, el sentimiento impulsivo se apodere de él y, sin consultar con el resto de su grupo, haga una jugada. Ya te puedes imaginar la reacción que esto provoca en los otros compañeros.

Este es el momento perfecto para reflexionar conjuntamente sobre lo que ocurre cuando nos precipitamos y nos impulsamos sin pensar en nuestra vida cotidiana, así como para entender qué sentimos y pensamos cuando algo se interpone en nuestros planes. Ante estos sucesos de la vida, ante la posición inesperada que tenemos delante, no podemos quedarnos atascados y criticar, ¡hay que seguir caminando! Nos debemos hacer responsables de ella y comenzar de nuevo el proceso mental de reflexión para buscar un nuevo plan, una nueva jugada.

La flexibilidad cognitiva

Entendida como la capacidad de adaptarse a las circunstancias del momento y de realizar cambios en los planes y acciones que ya estaban planeados para adaptarnos al momento presente. ¿Qué ocurre si una calle por la que solemos circular está cortada al tráfico? ¿Nos quedamos infinitamente esperando a que la abran? No lo creo, siempre buscamos otra alternativa, otra calle para poder proseguir. ¿Qué ocurre cuando el rival realiza una jugada inesperada y se interpone en nuestros planes? Que buscamos una nueva solución.

Cuando realizo mis talleres de ajedrez terapéutico trato de seguir un dogma principal que es la sorpresa. Cada taller es único y totalmente diferente al anterior con el objetivo de evitar la rutina, la predictibilidad y despertar la curiosidad, llegando a tocar un rinconcito de la emocionalidad de cada paciente. Además, intento mezclarlo con juegos de toda la vida, así la familiaridad se convierte es nuestro aliado.

Uno de los ejercicios para trabajar la flexibilidad cognitiva es mezclar el juego del ajedrez con la baraja española de cartas —lo llamé CartasChess—. Cada figura de la baraja se corresponde a una pieza de ajedrez.

Naipes de la baraja española	Piezas del ajedrez
Rey	Rey
Sota	Dama
Caballo	Caballo
As	Torre
Dos y tres	Peones
Comodín	Cualquier pieza de ajedrez

El resto de cartas que no tienen correspondencia no se colocan en la baraja.

Cada paciente recibe cinco naipes y comienza a jugar una partida de ajedrez de tal forma que solo puede mover la pieza si en su mano tiene la carta que le corresponde. Si en su mano no tiene ninguna carta para hacer un movimiento legal, se puede descartar del número que quiera de naipes y pasar turno. Los jugadores siempre deben tener cinco cartas, así que cuando uno de ellos juega una, tendrá que robar una nueva de la baraja.

El objetivo de esta actividad es trabajar principalmente la flexibilidad cognitiva. Los planes, los pensamientos y los razonamientos se deben ir adaptando a lo que las cartas dictaminen, por lo que el deseo de mover las piezas que ellos quieran desaparece de un plumazo.

El razonamiento

Es la capacidad para resolver problemas de diferentes tipos, estableciendo relaciones causales de manera consciente para hallar la solución. Si hay algo que mejor describa y ejemplifique cuál es la esencia del ajedrez, es el razonamiento. Constantemente observamos y nos estamos haciendo preguntas sobre la posición: ¿Qué amenaza el rival?, ¿cuál será su idea?, ¿qué pieza puede capturar mi alfil? Con este proceso continuo adquirimos la habilidad de pensamiento crítico, y aprendemos a tomar decisiones de un modo autónomo y creativo.

Muy relacionado al razonamiento se encuentra otra habilidad que es la planificación.

La planificación

Es la facultad de establecer objetivos, desarrollar planes de acción para la consecución de aquellos y anticiparse a las dificultades que puedan ocurrir. Es decir, se ocupa de delimitar el objetivo: ¿Qué hay qué hacer? Y del medio para poder conseguirlo: ¿Cómo hay que hacerlo?

El ajedrez es pura planificación, a cada movimiento del rival tenemos que trazar un plan sabiendo primero qué es lo que queremos y después pensando cómo lo podemos llevar a cabo. Te propongo el siguiente reto para entrenar la mente en planificación. Es una actividad muy sencilla de pre-ajedrez que estoy segura de que vas a poder con ella. ¡Adelante!

Reto 4. La torre comilona

Tú eres la torre blanca —para recordar cómo se mueve la torre, ve al Anexo 1— y tienes que capturar las piezas que aparecen en el tablero en el menor tiempo posible, sabiendo que las negras son inertes y no se mueven de sus casillas. ¡Te doy un consejo! Para llevarlo a cabo traza pequeños planes en tu cabeza para ir capturando secuencialmente cada una de las piezas. He de decirte que existen muchos caminos para resolver el ejercicio, así que ¡encuentra el tuyo propio! —encontrarás una solución posible en el Anexo 2.4—.

La toma de decisiones

Es la habilidad que concluye al proceso iniciado en la planificación y el razonamiento y la capacidad de seleccionar una alternativa, la jugada «perfecta» entre varias opciones, sopesando las ventajas e inconvenientes de cada una de ellas.

Para trabajar la toma de decisiones me inventé una actividad que llamo Mi Ajedrez Estratégico. Esta combina el juego tradicional Hundir la flota con el ajedrez, y consiste en que cada jugador tiene su mapa de territorio, que es un tablero de ajedrez en papel, y el que su adversario no puede ver —si no sabría todas sus intenciones maléficas que le quiere realizar—.

Cada jugador tiene que colocar cinco pegatinas de tres tipos diferentes:

— **Pegatina verde.** Significa casilla segura. Si el propio jugador coloca su pieza en esta casilla, el rival no podrá capturarla nunca.

— **Pegatina amarilla.** Significa casilla de estatua. En el que si el rival coloca su pieza en esta casilla, su pieza no se podrá mover durante dos jugadas.

— **Pegatina roja.** Significa casilla de desaparición. En el que si el rival coloca su pieza en esta casilla, su pieza será eliminada inmediatamente del tablero, perdiendo su turno.

Una vez que ambos jugadores han colocado todas las pegatinas y elaborado su mapa de territorio, la partida comenzará.

El objetivo es jugar una partida normal de ajedrez, pero con una particularidad: cada jugador debe prestar mucha atención a su mapa, pues si el rival coloca una de sus piezas en una casilla con pegatina amarilla y roja, ¡su pieza podrá quedar paralizada durante dos jugadas o directamente eliminarse! Así como si él coloca una pieza propia en una casilla verde, ¡estará a salvo mientras se mantenga ahí! Aquí existe una excepción, y es que el rey nunca se beneficiará del poder de la casilla verde, si no ¡nunca podremos dar mate al rey!

Con esta actividad trabajamos muchas funciones cognitivas, la planificación, el razonamiento, la toma de decisiones, la atención… ¡porque no solo hay que estar pendiente de nuestro propio mapa, también del mapa del rival, tratando de no volver a colocar nuestras piezas en las casillas amarillas y rojas que el contrincante haya marcado!

El ajedrez te brinda la oportunidad de aprender a razonar ante una situación, a saber planificar y trazar un plan de acción eficiente y a ser capaz de tomar la mejor decisión para alcanzar el objetivo marcado.

La ejecución dual

Es la habilidad de realizar y prestar atención a dos tareas de diferente tipo que estás ejecutando al mismo tiempo. Otro dogma principal que sigo es que los límites los marcan ellos, los talleres son obligatorios, pero el esfuerzo y la implicación que cada uno quiera tener, eso solo depende de ellos mismos. Así que a los más atrevidos y a los que quieren seguir caminando más velozmente por el sendero de la recuperación cognitiva, les propongo jugar al ajedrez en un tablero para cuatro.

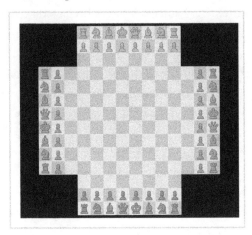

Esta actividad no es propiamente un ejercicio de ejecución dual, pero la utilizo para ilustrar a los pacientes del hecho de que tienen que estar atendiendo a muchos estímulos a la vez.

El ajedrez para cuatro es una modalidad cognitiva muy potente, ya que las piezas vienen de frente, como en el ajedrez tradicional, pero ¡también vienen por todos lados! Las columnas y las diagonales se hacen inmensas y hay que atender a tres ejércitos de tres oponentes y todos con sus ideas malévolas y su espíritu de ganar la partida.

La memoria de trabajo

Es la capacidad que permite almacenar por un breve periodo de tiempo la información y manipularla mentalmente. Esta habilidad es imprescindible y la utilizamos casi en la totalidad de las actividades diarias, por ejemplo, cuando mantenemos una conversación, cuando estamos tomando apuntes, cuando hacemos cálculos mentales… ¡Sin su buen funcionamiento nuestro día a día se complica!

Para trabajar esta habilidad me gusta realizar la actividad que llamo Ajedrez a Tres Piezas. Únicamente se necesita un tablero, piezas de ajedrez tradicionales y piezas hechas con tapones —vale con poner una pegatina en la parte de arriba con la letra inicial de cada pieza—.

Esta actividad consiste en que ambos jugadores comienzan sin ninguna pieza física en el tablero, pero ¡están ahí, existen en sus cabezas y tienen el mismo impacto que si estuvieran físicamente! Ahora bien, la primera vez que mueven una pieza aparece en el tablero como un tapón. La segunda vez que mueven esa misma pieza ¡se transforma en la pieza de ajedrez! Si te fijas, estamos trabajando a tres niveles cognitivos: piezas que no se ven, pero que existen y ejercen su función, los tapones y las piezas en 3D.

Cuando planteo esta actividad a los pacientes, mis oídos empiezan a pitar y chirriar de comentarios del tipo:

—Aquí te has pasado ya, María, ¿cómo vamos a jugar a ciegas, si solo sabemos mover las piezas, un pre-ajedrez?

Siempre les respondo:

—Confiad en vosotros y ¡vamos a intentarlo! Los límites los ponéis solo vosotros. Recordad que el objetivo no es ganar, sino trabajar cognitivamente la cabeza, por lo que lo importante es ir moviendo las piezas y dejarse llevar con lo que la partida vaya planteando.

La memoria de trabajo es nuestro almacén cerebral abierto las veinticuatro horas del día y en donde se manipula y se mezcla la información procedente del exterior y de nuestro cerebro, en definitiva, es el motor de nuestra cognición.

¡Te propongo un reto de nivel pre-ajedrez para trabajar la memoria de trabajo!

Reto 5. Camino de minas

El objetivo de esta actividad es que vayas capturando todas las piezas negras sin que para ello puedas pasar por ninguna casilla que contenga una mina:

—Las casillas con minas aparecerán en un recuadro.

—El recuadro de ajedrez con las piezas lo verás en la posición.

¡Vamos a verlo con un ejemplo! Fíjate en las casillas prohibidas con minas y que aparecen con una cruz en el tablero de ajedrez: a8, b5, c5, e4 y f4. Ahora fíjate en la torre y el camino que hace para capturar el caballo y el alfil negro. ¡Ninguna flecha pasa por las casillas minadas! En este ejercicio hay varias opciones posibles que la torre puede realizar para capturar a las piezas enemigas.

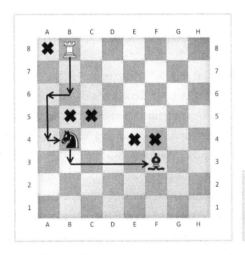

CASILLAS CON MINAS
a8, b5, c5, e4, f4

¡Ha llegado tu turno! Fíjate en el tablero que tienes delante y en las casillas con minas. ¡Lánzate con tu torre a capturar todas las piezas negras que veas en la posición! Recuerda que puede haber varios caminos alternativos, encuentra el tuyo propio ☺ —para ver una solución, ve al Anexo 2.5—.

La estimación temporal

Es la habilidad de la noción del tiempo, sabiendo calcular el paso de este, siendo conscientes de la duración de una actividad o suceso.

He podido comprobar con mis años de experiencia que hay un elemento a lo que todo principiante le tiene pánico, solo con pronunciar su nombre sus nervios comienzan a apoderarse de él y observo un sentimiento de rechazo como si su mayor temeridad se presentara de golpe en la partida: ¡el reloj de ajedrez!

El reloj, ese tictac, es un elemento que forma parte de mi ser como ajedrecista desde los cinco años, y que en mis primeras sesiones de ajedrez terapéutico mi cabeza no era capaz de comprender el porqué de ese rechazo. Pero ¿cómo vamos a jugar una partida sin él? Y esto fue otra cosa que aprendí de mis pacientes. Temen el reloj porque los obliga a jugar, a mover, a no procrastinar y a estar al cien por cien en la partida, buscando activamente en cada movimiento una jugada en un limitado marco temporal.

El reloj en ajedrez nos enseña a ser eficaces con la presión del tiempo, a gestionar el que invertimos en cada jugada, nos ayuda a tomar decisiones, a atrevernos a jugar y saber modular emocional-mente los nervios y la presión de la actuación sobre el tablero.

En nuestro día a día, aprender a gestionar el tiempo nos ayuda a ser más eficientes y productivos, realizando las tareas con más rapidez, sabiendo priorizar e invirtiendo menos esfuerzo en ellas, pues aprendemos a exigir a nuestra atención y concentración a focalizarse en la tarea que tenemos delante.

Aprender a gestionar el tiempo hará que disminuyan el estrés, la ansiedad y, por tanto, que aumente la calidad de vida tanto en la esfera profesional como en la personal.

Cuando realizo talleres de ajedrez terapéutico, me guío por tres principios cruciales:

—**La sorpresa.** Cada clase la planteo como un reto, un mundo nuevo, una actividad que trate de despertar la curiosidad de los pacientes y les enganche para querer seguir ejercitando sus cabezas con el ajedrez.

—**La diversidad.** Cada clase la diseño para trabajar diferentes funciones mentales, de tal forma que si una semana trabajamos principalmente la memoria, la siguiente lo hacemos con la atención, otra con las funciones ejecutivas. El objetivo es que de esta manera los pacientes se sientan reforzados en la semana en la que se trabaje una función cognitiva en la ellos sean buenos, ya que si continuamente enfocamos el entrenamiento en la misma área deficitaria, podría suponer un machaque a su autoestima.

—**La igualdad.** Todos los que entramos en el taller somos responsables de crear un tiempo mágico de aprendizaje y entrenamiento cerebral y emocional con el ajedrez, por lo que tanto los pacientes como el resto del equipo médico tienen que participar en las actividades y los retos que se proponen, pudiendo ver que todos acertamos y cometemos errores, tratando de normalizar el fallo. He podido comprobar como este modo de trabajar hace que los lazos entre los pacientes aumenten, generándose un clima de confianza y apoyo mutuo.

APRENDIZAJES

1. El ajedrez puede ser una potente herramienta cognitiva y emocional para trabajar con distintas patologías en salud mental.
2. Jugar es una de las esencias principales del ajedrez terapéutico.
3. Algunas de las áreas que más trabaja el ajedrez son las funciones ejecutivas. Estas son actividades mentales complejas que tienen un papel principal en el desarrollo cognitivo, emocional, social y moral de las personas.
4. La asistencia a los talleres es obligatoria, pero cada paciente es responsable de romper sus propias limitaciones.

3

LAS PIEZAS
CONVIVIENDO EN SOCIEDAD

Aprendo a vivir y convivir con la diversidad en cada partida de ajedrez que disputo. Siempre tengo a mi disposición seis clases de piezas diferentes, cada una con sus particularidades de movimientos, con diferente tipo de valor y función dentro de la partida, pero cada pieza única, aislada, no sirve de nada, sino que necesita de la unión de varias para derribar al rey del rival, porque ¿sabías que es imposible dar jaque mate al rey enemigo con tan solo una pieza de ajedrez?

En la sociedad hay personas de toda índole, con sus personalidades, con sus virtudes y sus defectos, y todos debemos convivir juntos en este mundo, nos guste más o menos.

Están las PERSONAS TORRE, aquellas que se caracterizan por un pensamiento más lineal y correcto, que no se salen de sus casillas y viven una vida típica, sin muchos sobresaltos, tratando de tener todo controlado. El carácter torre puede ser muy bueno en muchos aspectos, sin embargo, este exceso de control hace que cuando un imprevisto acecha a una de sus casillas, las personas torre puedan quedar paralizadas y agobiadas, ya que el suelo de su castillo comienza a tambalearse y no pueden controlarlo.

Por el contrario, las PERSONAS ALFIL son más transversales y elocuentes, viven vidas inusuales, alternativas. Van caminando por las diagonales de la vida sin querer atarse a nada estable. Van correteando de casilla en casilla, de trabajo en trabajo, de ciudad en ciudad, buscando en cada una la excitación de la novedad hasta que la rutina se apodera de ellas y llega el momento de cambiar y corretear por otra diagonal con dirección diferente, para comenzar a sentir el descubrimiento de un nuevo horizonte.

Las PERSONAS CABALLO son esas a las que les gusta transgredir las normas y las reglas del juego, es decir, las disruptivas. Aquellas que brincan y saltan por delante de las personas sin tener una pizca de consideración con el prójimo. Es cierto que muchas son caballo durante un tiempo limitado, principalmente en la adolescencia, donde se produce un gran fervor de hormonas y uno se quiere convertir en adulto de golpe, ser independiente y asumir responsabilidades y que el resto del mundo le vea como tal y no como el pequeño que acostumbraban a ver. Por eso, los jóvenes se revelan sin seguir las directrices de los adultos, tienen el impulso y la curiosidad de probar cosas nuevas y de transgredir lo que estaba estipulado hasta ese momento. La mayoría de las personas evolucionan a otro tipo de piezas, aunque es cierto que algunas se quedan enganchadas a una personalidad caballo.

También tenemos a las PERSONAS DAMA, las divergentes, aquellas personalidades que quieren abarcar todo, que son culos inquietos yendo y viniendo de cualquier lado, estando pero sin estar. Son personas curiosas a las que les gusta leer y estar informadas de todo en general, aunque sin ser expertas en nada en particular. Además, cuando hay algo que les gusta, suelen ser muy incisivas y se dedican en cuerpo y alma a conseguirlo, hasta que aparece una nueva distracción, otro tema potencialmente interesante para ellas y deciden cambiar su foco, cambian de movimiento y se dirigen a ese nuevo proyecto, abandonando por completo la anterior actividad. Y, claro está, suelen caer muy bien y todo el mundo quiere tener una persona dama a su lado.

Tenemos a las PERSONAS REY, las egocéntricas y comodonas que construyen su vida alrededor de su propio ombligo y en las que la prioridad son ellas con ellas mismas. Saben que su existencia es crucial para la vida de otros y se hacen arrogantes queriendo manejar a todo el mundo según su compás. Se suelen hacer las duras, mostrando una coraza de superioridad, pero cuando empiezas a escarbar en su interior, son las más frágiles y débiles. Y es que, en realidad, son las personas rey las que necesitan del resto del mundo para poder seguir jugando en la vida.

Por último, tenemos a las PERSONAS PEONES, que caminan por la vida pasando inadvertidas, sin meterse con nadie, pero son de esas que siempre están ahí. Van construyendo su día a día con esfuerzo y dedicación para ir consiguiendo pequeños objetivos a corto plazo, pero también sueñan a lo grande y quieren llegar a convertirse en piezas con mayor potencial. Las personas peón son amigables y, normalmente, facilitan la vida al resto de las piezas, permitiendo que realicen cada una su función, pero ¡cuidado!, no enfades a una porque en ese momento su carácter explotará, lo que hará que tu vida se vea afectada, limitando tu movimiento de acción.

LAS MIL Y UNA CONFIDENTES AJEDRECÍSTICAS

Una de las mejores cosas que me ha dado competir en ajedrez durante tantos años ha sido la posibilidad de viajar y descubrir muchos rincones del mundo, conocer a sus gentes y entremezclarme con ellas. Cuando asisto a un torneo, es habitual que la organización me haga compartir habitación con otra mujer, en muchos casos desconocida para mí de antemano.

En cada uno de los torneos me invade la sensación de que de golpe establezco una relación muy intensa durante un período muy corto de tiempo con mi compañera. Comienzo a convivir con ella casi las veinticuatro horas del día en una circunstancia de pura emoción extrema, como ocurre durante un campeonato de ajedrez, y esa nueva existencia se vuelve mi máximo confidente en cada una de mis victorias y derrotas. Después, el torneo se acaba, es momento de viajar de regreso a nuestras ciudades o, cuando es internacional, a nuestro país, y en la mayoría de las ocasiones no vuelvo a coincidir con ella en mucho tiempo, o nunca más en la vida, la pura conexión confidencial, las mil conversaciones revelándonos nuestras fragilidades se esfuman de un portazo, pero el recuerdo y la huella que se crea en mí es imborrable.

Con cada una de las que fueron mis compañeras de torneo aprendo mucho acerca de su mundo interno, de cómo afrontan las partidas de ajedrez, sus rituales, sus manías, sus costumbres, sus formas de perder y ganar, sus enfados, su manera de aislarse de todo…, y es ahí donde reflexiono y me doy cuenta de lo diferentes que somos ante los ojos de los demás cuando la puerta se cierra y nos quedamos a solas entre esas cuatro paredes.

Cada convivencia me reafirma en la idea de que cada persona es un universo entero, con un gran entramado dentro de sí por descubrir, y en la mayoría de las ocasiones su interior se ve tan desconocido incluso para ella misma.

He tenido la suerte de compartir habitación con muchas confidentes internacionales, de países como Georgia, Bolivia, Cuba, Francia, Colombia, Argentina, Bulgaria, México, entre otros, y muchas de ellas me han enseñado las raíces de su cultura, cómo es su día a día y cómo el ajedrez se vive en cada uno de estos países. ¡Y es que somos tan distintos! Pero el ajedrez se convierte en nuestro vínculo de unión. Cada una comenzó a jugar por una razón diferente —porque un padre la enseñó, por un abuelo, un amiguito en el colegio, etc.—, pero luego fueron ellas las que tomaron las riendas de seguir caminando por los senderos del ajedrez.

Cada individuo con su personalidad y su visión del mundo va construyendo una vida única e irrepetible sobre un tablero de ajedrez. Sus decisiones, sus estrategias, sus jugadas, sus sacrificios, sus dudas, sus arrepentimientos, sus aciertos... Pero también se encuentra con un adversario, la vida misma, que va poniendo trabas —accidentes inesperados, enfermedades, fallecimientos—, dificultades —lugar y familia desde la que comenzamos la partida, amistades no tan buenas, despidos de trabajo—, limitando nuestra posible actuación en el tablero. Todo ello forma un conglomerado de acciones que se reflejan en las huellas de la partida. Cada movimiento que se realice determina un paso en el rumbo de la vida; un movimiento en vano y el camino se complica.

El ajedrez es utilizado en diferentes proyectos sociales en donde las personas se encuentran atrapadas en posiciones de jaque en su vida y donde no se vislumbra un plan, una estrategia ni un simple movimiento bueno para tratar de salir de ellas.

En el ámbito social hay proyectos en los que el ajedrez es empleado en centros penitenciarios como forma de reinserción social y generador de hábitos. En España destaca el proyecto Nuestro Ajedrez Reinserta, realizado en los centros de Cáceres y Badajoz desde el 2009 por el Club Magic de Extremadura. También, la Federación Internacional de Ajedrez (FIDE) ha hecho su primer movimiento y ha creado el programa Chess for Freedom con el mismo propósito.

¡EL AJEDREZ DA VIDA Y QUITA AÑOS DE CÁRCEL!

El gran maestro Darcy Lima lleva impartiendo talleres de ajedrez en centros penitenciarios brasileños desde hace varios años y ha observado datos muy relevantes. ¡Fíjate! La ratio de reincidencias carcelarias en Brasil es del setenta y dos por ciento; sin embargo, esta relación descendió notablemente hasta el cuarenta y dos por ciento en aquellos presos que asistieron a talleres de ajedrez. ¡Aún hay más! En los que llevaban entre uno y dos años acudiendo a estos talleres, el porcentaje de reincidencia disminuyó hasta el veintidós por ciento, llegando incluso a bajar al diecisiete en aquellos reclusos que asistieron durante más de dos años a estos talleres.

La experiencia que relatan algunos presos después de comenzar los talleres es que el ajedrez les brinda un aprendizaje en la toma de conciencia de la responsabilidad de sus actos. En el ajedrez como en la vida una sola mala jugada te puede hacer perder la partida. ¿Sabías que una partida de ajedrez suele tener de promedio unos cuarenta movimientos? De tal forma que en cada uno tomamos de media cuarenta decisiones vitales que van marcando el rumbo de la partida.

Cuando movemos una pieza, tomamos una decisión, y cuando la jugada está ya realizada en el tablero, no hay vuelta atrás. Podemos estar jugando la partida perfecta, pero si de pronto en el movimiento treinta y siete realizamos una mala jugada, perdemos, de nada habrá servido la perfección del resto de jugadas. Así pues, irremediablemente, aprendemos que cada jugada, cada movimiento en la partida y en la vida, tiene sus consecuencias.

Al igual que en una partida de ajedrez, en la vida tú eres el único responsable de cada una de tus jugadas y, por ende, de tus actos. Una mala decisión y el rumbo de la partida de tu vida se puede trastocar.

Otro de los principios que aprenden es la importancia del control de la impulsividad. En ajedrez hay una regla básica bien conocida por todo jugador que empieza a jugar: pieza tocada, pieza movida, es decir, que solo con el hecho de coger con los dedos una pieza, estamos obligados a realizar la jugada con esa misma. Pero si, además, esa pieza la soltamos en una casilla del tablero, ya no hay vuelta atrás, no hay cambio posible, la jugada se cuenta como realizada. Un acto impulsivo puede llevar a ejecutar una mala jugada y a la derrota de nuestra vida.

Otro de los aprendizajes clave de los reclusos es sobre la importancia de tener una estrategia en la partida de ajedrez y, por ende, en nuestra vida. Cuando jugamos al ajedrez, cada movimiento tiene que estar acompañado de un porqué, ya que el movimiento de una pieza, el simple avance de un peón, hace cambiar completamente la situación de la partida. Cuando una pieza mueve, esta ha cambiado de posición, ha dejado una casilla libre y ha pasado a ocupar otra, lo que provoca que las piezas ahora se relacionen de diferente forma y aparezcan nuevos planes, nuevas amenazas y defensas. Por ello, es crucial trazar una estrategia, reevaluar en cada movimiento del rival qué es lo que ha cambiado y si esto afecta a nuestro plan de vida. La paciencia es el máximo valor que debe reinar a lo largo de la partida para tratar de conseguir ser nosotros quienes nos antepongamos en la partida tirando primero el rey del rival. En definitiva, jugar con impulsividad en la partida y en la vida irremediablemente conlleva a la derrota.

> Vivir dominado continuamente por el germen de la impulsividad te puede precipitar a recibir un jaque mate prematuro en diferentes sectores de tu vida.

También, el ajedrez se está utilizando con mujeres en riesgo de exclusión, víctimas de explotación y/o prostitución. Uno de ellos, es el proyecto Ajedrez e Igualdad que se realiza en Málaga. Estas mujeres se encuentran atrapadas en situaciones, posiciones en su partida de vida, donde no se vislumbra una salida fácil para escapar de ellas. Sus piezas carecen de efectividad, lo que produce que cada vez se vayan achicando más ante la presión y amenazas del rival.

Pensar un plan para tratar de escapar de esta situación puede ser fácil, pero empoderarse y tener el valor de realizar ese movimiento que les haga salir de la situación es donde está la clave de la actuación. Es por eso que el objetivo principal de estos talleres es dar un empoderamiento a las mujeres, fortaleciendo su estado emocional general, su autoestima, su autoconcepto, su confianza y su afán de logro, para comenzar a desbloquear sus cabezas y que se sientan dueñas de sus propias partidas de ajedrez. Y así poder efectuar el primer movimiento empoderante que hará cambiar el rumbo de su partida de vida.

Por último, destacar que el ajedrez ha llegado a los campos de refugiados de algunos países de la mano de proyectos como Ajedrez. Estrategia por la Paz y Ajedrez sin Fronteras. El objetivo principal de ambos es plantar la semilla del ajedrez en estos campos. Enseñar a los niños y niñas a jugar, y, en especial, formar como monitores al profesorado que está allí para que después sean ellos quienes enseñen a las generaciones venideras. A través del ajedrez se les trata de brindar una educación en valores humanos como la unión, la hermandad y la cooperación, que son difíciles de aprender en medio de un escenario de odio y masacre castigado por las guerras.

APRENDIZAJES

1. Cada movimiento que realices determina un paso en el rumbo de tu vida; un movimiento en vano y el camino se complica.

2. El ajedrez en los centros penitenciarios da vida y quita años de cárcel.

3. El ajedrez es utilizado en los campos de refugiados para brindarles otros valores como la unión, la hermandad y la cooperación.

4. El ajedrez puede ser usado como una herramienta de empoderamiento en mujeres en riesgo de exclusión, víctimas de explotación y/o prostitución.

4
EL MUNDO EMPRESARIAL
EN 64 CASILLAS

Me considero una persona curiosa, que me gusta trastear y leer sobre diferentes temas y en especial si son desconocidos para mí. Sin embargo, hay uno que se me atasca, aunque en realidad podría hablar en pasado, «que se me atascaba», porque ahora que he conseguido entenderlo desde el prisma del ajedrez me ha empezado a despertar la curiosidad de leer e investigar sobre él.

Gran parte de mi familia trabajaba en la banca, por lo que el mundo de las empresas siempre ocupaba unos minutos en las cenas familiares desde que era pequeña, momento en el que yo pulsaba mi botón de «navegación automática» y me adentraba en mis pensamientos sin prestar ninguna atención. ¿Sabías que los martes es el mejor día para invertir en bolsa y que octubre es el peor mes? ¿Conoces el término *stakeholders* y lo importante que es la gestión estratégica para la supervivencia de una empresa?

Una partida de ajedrez es como la vida misma, como el surgir de un nuevo proyecto. Cada pieza, cada movimiento realizado forma parte de un engranaje estratégico total cuyo objetivo final es dar jaque mate al rival, el éxito de la empresa.

En cualquier partida de ajedrez, al igual que en cualquier negocio, las primeras jugadas están escritas, simplemente nos dedicamos a caminar siguiendo los pasos que ya han realizado otros, nos sentimos cómodos en nuestra zona de confort y vivimos con un bonito sentimiento de convencimiento de que no nos vamos a equivocar. Total, solo estamos copiando una apertura, un plan de negocio que ya alguien ha hecho. Sin embargo, con tan solo un movimiento diferente que el rival nos haga, una jugada que se desvíe de la teoría que nosotros conocemos, nos empujará hacia una posición totalmente nueva a la que nunca antes nos habíamos enfrentado y que tenemos que tratar de solucionar con creatividad y con los recursos y herramientas de los que disponemos y, por ende, de los que dispone una empresa.

Emprender un proyecto es como sentarse a jugar una partida de ajedrez. Las primeras jugadas ya están escritas, sin embargo, es en el medio juego donde se marca la diferencia entre empresarios. Los recursos, las herramientas y la actitud del emprendedor son cruciales para encontrar las mejores jugadas de la partida y tratar de ser quien dé jaque mate, haciendo que su proyecto sea el triunfante.

Estas herramientas se van ganando con la práctica, cuanto más preparado estés, cuantas más partidas juegues, cuanta más experiencia en los negocios tengas, tu creatividad e ideas se irán afinando. En los negocios, la pregunta estrella es ¿cuál es tu objetivo final? ¿Cuál es el jaque mate que quieres dar? Para poder dar una respuesta eficaz es necesario trazar un buen plan, buscar y crear tus propios recursos —tanto personales como materiales—, saber coordinarlos entre sí y en ocasiones realizar pequeñas concesiones para conseguir objetivos a largo plazo.

Pero el ajedrez es duro y los negocios también lo son. Durante la partida van surgiendo problemas, dificultades que debemos ir solventando, cuando, por ejemplo, tenemos un proyecto que no acaba de despegar, cuando elaboramos un informe que no nos parece convincente, cuando notamos que nuestras piezas no coordinan bien, cuando algo interno de la empresa no encaja, hemos de estar preparados para reaccionar a tiempo antes de que nos den jaque mate, antes de que quiebre nuestro negocio. Para ello, ante una dificultad, tendremos que seleccionar dos o tres jugadas candidatas que traten de dar una solución al problema que tenemos delante en nuestro tablero, sabiendo que cada jugada, cada acción y decisión tomada ha de ser pensada, analizada y calibrada, ya que un movimiento en vano, un solo e insignificante despiste, puede suponer la derrota, la quiebra de una empresa.

EL AJEDREZ COMO EL PERFECTO ENSAYO PARA EL EMPRENDEDOR

El ajedrez puede ser el perfecto escenario para ensayar los planes de acción de una empresa. Nos convertimos en auténticos estrategas en cada partida que disputamos. Trazamos planes a corto, medio y largo plazo, analizando y tratando de anteponernos a las intenciones del rival, esquivando las dificultades y enfrentándonos a los problemas que se nos presenten. Por supuesto, como cualquier buen estratega, siempre tenemos pensados un plan B, C y D por si nuestro plan A falla.

Cuando un emprendedor quiere comenzar un nuevo proyecto, debe adoptar el rol de estratega si quiere que salga a la vida. Para empezar tiene que estudiar al adversario, hacer un estudio de mercado para analizar los puntos fuertes y los puntos débiles de la competencia. Tiene que trazar un plan de proyecto, marcando objetivos a corto, medio y largo plazo, limitados en el tiempo. Tiene que anteponerse a las dificultades, estudiando con detenimiento qué problemas puede encontrarse y qué solución puede aplicar ante cada una de las adversidades. Y tiene que tener el valor de mover y convivir con la incertidumbre en cada una de sus jugadas.

En el ajedrez, como en los negocios, el control absoluto no existe y siempre queda un resquicio, una jugada sorpresiva que pueda hacer que tengas que echar por tierra todo tu plan perfecto. Para eso has trazado un plan B de rescate. Te aseguro que aprender a vivir con esta incertidumbre no es tarea fácil, pero, como todo en la vida, es entrenamiento y práctica.

El ajedrez es un juego, pero las decisiones que se toman en él se asemejan a los negocios. Por ejemplo, en el ajedrez como en las empresas es necesario siempre tener un plan de juego, una gestión de estrategia; sin ella, estaremos navegando a la deriva sin ningún rumbo y nos acabaremos perdiendo.

Una de las estrategias que podemos llevar a cabo es la de ser depredadores e ir directamente a por la competencia, atacar al rey del rival, anticipándonos a los movimientos del adversario.

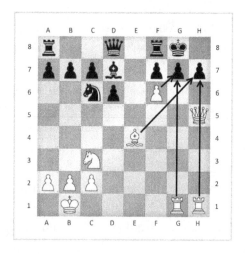

Podemos observar cómo en la posición, la dama blanca, el alfil, el peón y las dos torres están amenazando jaque mate al rey negro.

Esta estrategia es más agresiva y nos lo jugamos todo a una carta, debido a que si nuestro contrincante consigue defenderse, nos habremos quedado debilitados y ahora será el rival, nuestra competencia, quien esté en disposición de darnos jaque mate a nosotros.

Otro planteamiento podría ser el de adoptar una estrategia más tranquila en la que el objetivo sea dominar todas las casillas centrales del tablero, buscando un posicionamiento en el mercado.

Podemos observar en el tablero cómo las blancas dominan el centro y tienen más espacio en la posición.

Esta estrategia es más conservadora, vamos avanzando poco a poco, ganando espacio en el tablero, sin correr ningún riesgo y minimizando las posibilidades de victoria de la competencia.

También el ajedrez supone un entrenamiento en la observación y el estudio del efecto de las decisiones finalmente tomadas en los negocios. En una empresa se deben tomar decisiones todos los días, algunas de poco valor, pero otras de gran trascendencia, que van marcando la direccionalidad del negocio. Las decisiones empresariales y también las ajedrecísticas tienen que ser calibradas en una balanza, analizando minuciosamente las ventajas y desventajas de cada movimiento posible, asumiendo los posibles riesgos que conllevan, para finalmente elegir la más adecuada con relación al contexto, tiempo y rival.

> Al igual que ante una decisión empresarial, cuando jugamos al ajedrez en cada posición siempre debemos tratar de pensar en tres potenciales jugada —las llamamos jugadas candidatas—. Para estos tres movimientos analizamos los beneficios y riesgos de cada una de ellas, para así finalmente elegir la mejor.

Por ejemplo, fíjate en la posición que tienes delante.

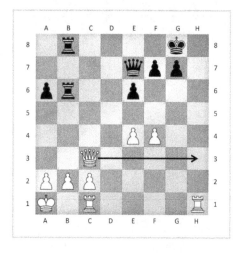

El jugador de blancas debe pensar y calibrar si la jugada Dh3 es un movimiento bueno o no. Podríamos etiquetar la jugada Dh3 como agresiva, ya que está planteando un ataque directo sobre el rey negro —la dama y la torre se coordinarán en la columna h para dar jaque mate al rey negro en h7 o h8—. Pero ¡también tiene inconvenientes! La dama era la pieza defensiva de la que disponía el rey de las blancas, y desplazando esta al otro lado del tablero el adversario puede coger las riendas y ser él quien empiece a atacar también a nuestro rey.

En tu negocio, ¿estás dispuesto a hacer la jugada agresiva Dh3? ¿Has calibrado los beneficios y los riesgos que corres? O, por el contrario, ¿puedes plantear otras jugadas más tranquilas y defensivas como el avance del peón de b2 a b3 con el objetivo de proteger tu enroque? ¿Qué beneficios y riesgos corres de jugar peón a b3?

El beneficio principal es parar el posible ataque de las dos torres negras sobre el peón b2. El riesgo es quizá haber perdido una oportunidad de oro, una jugada única en la posición que haría que tu negocio prosperara.

Claro que la decisión entre jugar defensivo, avanzando el peón a la casilla b3, o ir al ataque con el movimiento de la dama a la casilla h3 es difícil de tomar, genera incertidumbre sobre el porvenir de la partida y, al igual que en la vida, nada está asegurado al cien por cien. El adversario, la competencia, la vida también juega y te puede responder con una maniobra sorpresiva. Pero no puedes quedar atrapado por las garras de la duda, el reloj corre y ¡hay que actuar!, elegir entre una de estas dos jugadas y mover, y esa elección final ya te compromete en la dirección de un determinado resultado y solo te queda aprender a vivir con las consecuencias.

Los jugadores de ajedrez estamos acostumbrados a trabajar en situaciones de presión, tenemos un reloj que nos limita el tiempo por jugada, al igual que ocurre en los negocios y los diferencia de la vida. En el ajedrez, o mueves o mueves, no queda otro remedio, si no tu tiempo se agota, cae la bandera y acabas perdiendo la partida. De nada sirve procrastinar o ya lo haré. En los negocios hay que actuar, mover pieza si se quiere triunfar antes de que la competencia se nos adelante. Por eso, ante situaciones críticas, el ajedrez te enseña a priorizar y a mover la jugada en tu negocio, dando paso a una nueva posición con sus particularidades que tendrás que comenzar a descifrar.

Ante esta nueva circunstancia, ante esta nueva posición que tienes delante de tus ojos, el ajedrez te recuerda constantemente la importancia de realizar un diagnóstico de la realidad actual. Analizar y reflexionar sobre el momento en el que ahora se encuentra el negocio, dónde quieres llegar a estar en cinco años y determinar cuáles van a ser los siguientes movimientos que vas a efectuar para tratar de ganar la partida empresarial.

> El ajedrez te focaliza en el aquí y ahora. Te entrena
> para tener el valor de mover pieza, evitando quedarte
> paralizado ante las adversidades. Te obliga a ser realista y a
> reevaluar ante cada nueva jugada realizada en el tablero,
> porque con un simple e insignificante movimiento de peón,
> la posición ha cambiado, las relaciones entre las piezas
> pueden ser diferentes y el rumbo de la partida girar ciento
> ochenta grados.

Asimismo, el ajedrez te ayuda a mejorar la identificación de oportunidades. Los empresarios tienen una visión general de control de lo que está pasando en la partida de ajedrez de su compañía. Analizan cómo están sus piezas colocadas, cómo están las del rival, es decir, las piezas de su competencia. Un buen líder es capaz de detectar tanto los puntos fuertes como los débiles de su empresa y los de su competidor, es capaz de estudiar y entender el posicionamiento de las piezas sobre el tablero de ajedrez. Y por supuesto, continuamente, está pendiente de lo que ocurre en el mercado en general —es decir, el marco social, político y, principalmente, económico en el que una empresa desarrolla su actividad—, en las 64 casillas de su tablero de ajedrez empresarial. Esta estrategia de tratar de tener el máximo control posible hará que cuando la competencia haga un movimiento, el líder conozca la ubicación exacta de la posición y le permita poder actuar de la forma más rápida y eficaz posible, siendo capaz de identificar una posible oportunidad de ataque al rival.

Sin embargo, a veces, la competencia no tiene por qué ser nuestro enemigo, sino nuestro compañero de batallas y de aprendizajes, con el fin de crecer juntos en el mercado, cada uno con su empresa, pero ambos remando en la misma dirección. ¿Sabías que el ajedrez es el único deporte en el que se tiene por costumbre analizar conjuntamente la partida con el rival cuando esta finaliza? El objetivo es compartir e intercambiar los pensamientos, los planes, las ideas, las emociones que se han vivido. Es uno de los aprendizajes más potentes para crecer en ajedrez y en la vida en general, ver la partida pasar, la vida desde los ojos de tu adversario. ¿Cuán importante es en ocasiones hablar con la competencia y hacer pactos para colaborar y crecer unidos? Aunque, claro, ojalá la vida fuera de colores, pero esto es engañarnos a nosotros mismos. En muchos momentos, los proyectos, los negocios, no van como quisiéramos y acaban fracasando. Cuando jugamos una partida de ajedrez nos esforzamos, nos entregamos en cuerpo y alma, nos dejamos el pellejo por conseguir ganar, pero en bastantes ocasiones, más de las que queremos, perdemos, fracasamos una y otra vez. Ante la derrota, el ajedrez nos hace elegir forzosamente entre ser de dos tipos de jugadores: los que se resignan y se quedan lamentándose ante el fracaso, sin avanzar, abandonando el juego. Y los que colocan las piezas de nuevo y comienzan una nueva partida para vivir una nueva oportunidad. El ajedrez nos enseña a reinventarnos ante los reveses en los negocios, en la vida.

> He de confesarte que siento un dolor punzante en el corazón cada vez que pierdo una partida. Pero sé que en cada derrota aprendo un motivo por el cual mi plan no funcionó. Derrota tras derrota, motivo más motivo, consigo que mis jugadas se vayan perfeccionando, haciendo que cada vez mi rey se encuentre más lejos de recibir un jaque mate.

Es por ello que recientemente el ajedrez ha llegado al ámbito empresarial. Grandes compañías están observando el beneficio de impartir talleres de ajedrez entre sus empleados con el fin de maximizar el potencial de sus trabajadores y de ellos mismos. El ajedrez también entrena la concentración, la atención, la flexibilidad del pensamiento… y es que ¿te has parado a pensar en la cantidad de información que puede tener un empresario en la cabeza? Los clientes, los empleados, la campaña de *marketing*, el dinero, las jugadas de la competencia, el mercado… Por ello, entrenar en atención, saber priorizar y concentrarse en cada momento se hace crucial para la efectividad de un empleado y de un empresario, ya que, lamentablemente, todo a la vez no se puede hacer.

¡Ah, por cierto, se me olvidaba! *Stakeholders* son los denominados grupos de intereses para que una empresa pueda funcionar. Es decir, todos aquellos grupos o personas que se relacionan con las decisiones y actividades que se toman en un negocio. Por lo que cada empresario es la mente y la mano encargada de realizar cada jugada en la partida de ajedrez, en la que debe saber que cada pieza, cada trabajador, tiene un rol y unas características particulares, que cada movimiento que haga tiene que ser enmarcado dentro de un plan estratégico total, que van existiendo adversidades en la vida de los negocios que hará que en ciertos momentos la partida se ponga tensa, pero que de estos trances se sale fortalecido y que la unión de piezas, el buen funcionamiento interno, hace la fuerza para avanzar y conseguir vencer la partida empresarial.

APRENDIZAJES

1. El ajedrez es un juego, pero las decisiones que se toman en él se asemejan a los negocios.
2. El ajedrez sirve como un entrenamiento en la observación y el estudio del efecto de las decisiones tomadas en los negocios.
3. El ajedrez te recuerda constantemente la importancia de realizar un diagnóstico de la realidad actual de tu empresa.
4. El ajedrez te enseña a reinventarte ante las derrotas y fracasos en los negocios.

5

REFLEXIONES SOBRE
LA ESENCIA DEL AJEDREZ

El ajedrez impregna con su esencia cognitiva y emocional muchos ámbitos de nuestra vida. Hemos hecho un recorrido sobre cómo el ajedrez es una herramienta educativa, terapéutica, social y empresarial, y aunque he destacado diferentes características en cada una de ellas, todas se retroalimentan, todas están presentes en todas las áreas. Y es que si te soy sincera, para mí solo existen dos tipos de ajedreces: el competitivo, la esencia pura que persigue todo deporte, el formar campeones, el ganar; y el ajedrez de vida, la esencia profunda que se esconde detrás de las 16 piezas y las 64 casillas. Una herramienta para la vida. La etiqueta que he colocado detrás de la palabra ajedrez hace referencia únicamente al ámbito en el que este se puede aplicar.

Con el ajedrez educativo, terapéutico, social y empresarial trabajamos la capacidad de autocontrol, del pensar cómo, del pensamiento crítico y creativo, del fortalecimiento del ego, realizamos un fortalecimiento de la memoria, de la atención y de las funciones ejecutivas, mejoramos en matemáticas y en las habilidades lectoras. Aprendemos también a ser responsables de los propios actos, a establecer nuestros propios objetivos, a tener en cuenta que hay un adversario, que es la vida, que nos pondrá dificultades que están fuera de nuestro control, y que a veces ganamos y otras perdemos, pero que en el fracaso está el aprendizaje para reinventarnos, y que la unión hace la fuerza, que la colaboración hará que todos crezcamos para que juntos demos el jaque mate perfecto a la vida y estemos orgullosos de la partida que hemos jugado antes de que el tiempo se agote y dejemos de jugar para siempre.

LOS DIEZ GRANITOS PSICOLÓGICOS DEL AJEDREZ

Aún sigo pensando cómo es posible que en un espacio tan reducido como son las 64 casillas que conforman un tablero de ajedrez, los granos que Sissa pidió al rey fueran inmensamente inabarcables, tal como cuenta la leyenda.

Aún sigo pensando cómo el ajedrez ha conseguido perdurar durante cientos y cientos de años. Quizá Caissa, la diosa del ajedrez, me pueda dar una explicación a la magia que se esconde detrás de él. Esa magia que es arte y se ve impregnada en cada partida única e irrepetible que se juega. Esa magia que hace, como ya he dicho, que no entienda de género ni de edad ni de idioma. Esa magia que hace que pueda ser utilizado como una herramienta educativa, terapéutica, social y empresarial.

El ajedrez llegó a mí por pura serendipia y acabó cogiéndome de la mano para no soltarme ya. Es una parte de mi alocada vida y tengo la sensación de que nunca le dejaré ir, si esto pasara creo que sentiría un vacío irremplazable. Me ha acompañado durante 9.490 días, con sus buenos y no tan buenos momentos, pero siempre acababa estando él para resguardarme y comprenderme; el ajedrez era casa. Y durante cada uno de estos días ha ido dejando un grano en mí ser. Grano tras grano tras grano, ha hecho que la cosecha sea inmensamente inabarcable, tal como cuenta la leyenda. Durante meses he tratado de ordenar y construir castillos de trigo con todos los granos que he ido cosechando, ha sido un trabajo tedioso por la cantidad que había, pero he de decirte que el esfuerzo ha merecido la pena. Y hoy quiero compartir contigo los diez granitos que me ha aportado el ajedrez.

6

Un gimnasio mental *low cost*

Si ya lo decían los sabios romanos, *mens sana in corpore sano*, y muchas décadas después, en pleno siglo XXI, ¡hacer deporte físico está de moda y, como tú bien sabes, es un gran beneficio para la salud! Hacer deporte tiene multitud de beneficios como el control del peso, el de los niveles de azúcar en sangre y la insulina en el cuerpo, reduce el posible riesgo de enfermedades cardiovasculares y diferentes tipos de cáncer, mejora en general la salud mental y el estado de ánimo y, además, favorece el poder mantener activas nuestras habilidades cognitivas de pensamiento y aprendizaje.

Ahora bien, ¿sabías que el deporte mental es crucial para tener un buen envejecimiento cerebral? Y lo que es mejor, ¿sabías que puede llegar a dar jaque a las enfermedades neurodegenerativas como la demencia y el alzhéimer, retrasando su aparición?

Quizá este último jaque te haya pillado desprevenido, es normal; pero si bien es cierto que el envejecimiento biológico es parte de la vida y, por ende, inevitable, también sabes bien que centrarnos en los elementos que no dependen de nosotros solo hace que nos bloqueemos, haciendo que no seamos capaces de realizar el siguiente movimiento, por ello, ¡hay que evitar dejarse arrastrar por las jugadas del rival, siendo nosotros los que manejemos la partida!

Así que es momento de que cambies el foco atencional y comiences a centrarte en los elementos y en las acciones que dependen de ti mismo. ¡Depende de ti estar en forma mentalmente para tener una vida más funcional, tratando de luchar y resistir contra un prematuro jaque mate a tu vida, evitando la aparición temprana de diferentes patologías neurodegenerativas! Es momento de aprender cómo puedes defender a tu cerebro-rey, fortalecer tu maquinaria mental para, de esta manera, conseguir alargar tu partida de vida.

> Para tener un cuerpo y una mente sanos, tan importante es cuidarse físicamente como hacerlo cognitivamente.

Lo primero que debes aprender es que el objetivo es estar mentalmente activo y sano, y dejar a un lado el resultado de la partida, es decir, aprender y entrenar ajedrez no persigue la victoria y crear campeones en el tablero, lo que persigue es crear victorias en el ajedrez de la vida.

He de confesarte que desde hace un año soy una fanática del pádel, asisto a clases, quedo con amigos para jugar una vez por semana, y en ocasiones me sorprendo a mí misma viendo vídeos de los tops mundiales; «esta inversión de mi tiempo» la hago por todo lo que me da jugar al pádel, estar físicamente activa y pasar un buen rato con amigos, sin embargo, nunca pienso en que llegaré a competir en el más alto nivel, ¡ni siquiera en la liga de mi barrio!

Para mí ha sido una revelación aprender un deporte desde cero. ¡De verdad, no me acordaba de lo que era empezar a practicar uno desde la línea de salida! Y es que en cierta medida podría decir que he nacido con un tablero de ajedrez bajo el brazo. Con mis primeros movimientos en pádel estoy entendiendo la importancia del fallar, de levantarme y de seguir. ¡Es incontable la cantidad de pelotas que he tirado fuera de la pista, he estampado contra las cuatro paredes y contra la red y, jobar, las que me quedan aún! Aunque he de decirte que cada día tengo más puntería.

Mi profesor ya me ha etiquetado como la guerrera, y en parte creo que tiene razón. Cuando entro a la pista, al igual que cuando me siento delante de un tablero de ajedrez, tengo ese sentimiento, esa fuerza tan poderosa de superación que me impulsa a hacer todo lo que depende de mí, es capaz de sacar mi mejor versión y siempre trato de hacerlo lo mejor posible, el resultado ya vendrá después.

Mientras escribo estas líneas, me viene a la mente una frase que me dijo un profesor cuando era adolescente:

—Únicamente el mayor rival que tienes es tu yo del pasado.

Y así es, con el único que te debes comparar es con aquella persona que eras hace una semana, un mes, un año, y ver el progreso que has tenido, en quién te estás convirtiendo. Te animo a que busques en este nuevo aprendizaje del ajedrez un resultado de mente activa y no competitiva.

> Comienza a entrenar ajedrez como un medio de sentirte mentalmente activo, y céntrate en el camino que estás recorriendo, cómo te vas superando en tu día a día, sin pretender convertirte en un campeón. Recuerda que el máximo adversario es tu yo del ayer.

La constancia es una de las piezas clave para alimentar el cerebro. Recuerda que el cerebro humano es un músculo que se caracteriza por su plasticidad, es decir, es capaz de modificar su estructura y su funcionamiento, destruyendo y creando nuevas conexiones neuronales como reacción a los estímulos externos. Esta característica le permite ser capaz de reponerse ante lesiones y efectos neurológicos producidos por distintos trastornos.

Cuando el cerebro está enfocado en adquirir un nuevo aprendizaje o está viviendo una nueva experiencia, comienza a establecer conexiones entre las neuronas —que son las células del cerebro—, creando circuitos neuronales, uniendo y conectando áreas diferentes. Con la práctica continuada, estos circuitos se fortalecen y hacen que la información circule más rápidamente dentro de ellos. Esta es la razón por la que es mucho mejor pequeños impactos de entrenamiento cognitivo diarios que uno grande pocas veces a la semana, debido a que de esta forma los circuitos se van fortaleciendo todos los días.

Para conseguirlo te propongo un reto, y es que durante quince minutos de cada día te animes a aprender un concepto diferente de ajedrez, hagas un ejercicio cognitivo de ajedrez y si quieres romper tus límites, ¿qué te parece si te animas a jugar una partida con un tablero o por internet? El ajedrez es de los pocos deportes que se pueden practicar *online*.

> Recuerda que para el cerebro es mejor que realices un entrenamiento cognitivo diario de quince minutos a que lo ejercites durante dos horas seguidas solo un día a la semana.

¿Qué te parece si empiezas hoy? Sí, sí, ¡ahora mismo! No cierres el libro ni pases página. ¡Atrévete a comenzar a entrenar tu mente! Te propongo un nuevo reto. Es un desafío sencillo pre-ajedrecístico con el que trabajarás la atención.

Reto 6. Contando caballos

El objetivo de este reto es que observes atentamente el tablero y respondas a continuación a las siguientes preguntas:

1. ¿Cuántos caballos blancos hay?

_____

2. ¿Cuántos caballos negros hay?

_____

3. ¿Cuántos caballos blancos en casillas negras hay?

_____

4. ¿Cuántos caballos negros en casillas blancas hay?

_____

¿Qué te ha parecido? Fíjate cómo con este sencillo ejercicio estás realizando un entrenamiento atencional, puesto que para poder hacerlo de forma correcta debes ser capaz de focalizar la atención de una manera prolongada en cada uno de los estímulos —en este caso, los caballos— y seleccionar lo que indica la instrucción —la solución la tienes en el Anexo 2.6—.

La atención es el pilar básico que sustenta el resto de las funciones cognitivas, como la memoria, los procesos de pensamiento, el lenguaje… ¡Necesitamos de la atención para sobrevivir en este mundo!

Aunque no seas consciente de ello, desde que te levantas estás empleando la atención de diferentes maneras. Por ejemplo, la utilizas como un proceso de focalización en una tarea en particular —cuando estás leyendo—; también como un proceso selectivo para dirigir tu foco atencional sobre un estímulo en concreto, inhibiendo todos aquellos estímulos distractores —cuando quieres encontrar en la calle a un familiar en mitad del gentío—; y también como un proceso de distribución atencional que ocurre cuando debes estar atendiendo a varias cosas a la vez —cuando estás conduciendo un coche—.

Realizar ejercicios de entrenamiento atencional te permitirá centrarte en el momento presente, estar en el aquí y ahora y llegar a ser más eficiente en tu día a día. Así serás capaz de focalizar tu atención de manera continuada en la tarea que tienes y no te dejarás distraer por estímulos irrelevantes —¿qué prepararé para cenar?, que no se me olvide enviar los emails para mi jefe...— que solo estarán ocupando espacio en tu mente.

¿Te animas a hacer otro entrenamiento mental? En este caso, vas a realizar un ejercicio de memoria con las piezas de ajedrez.

Reto 7. ¡*Go* memoria!

El objetivo de este desafío consiste en tratar de memorizar el máximo número de piezas que tienen la siguiente posición durante aproximadamente un minuto. Para ello te aconsejo que pongas en funcionamiento tu cerebro y tu atención al doscientos por ciento, evitando que estímulos distractores interfieran y des lo máximo de ti.

A continuación, pasa la página del libro.
Haz un esfuerzo mental y escribe todas las piezas
que recuerdes sobre el tablero.

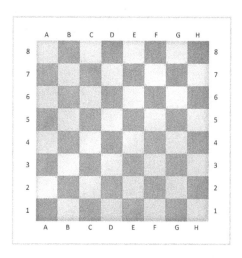

¡Ánimo! Si has dado lo máximo de ti y sabes que aún te quedaban piezas por memorizar, puedes volver a mirar el tablero y tratar de nuevo de recordar aquellas que te falten. Tienes la solución volviendo a la página anterior o en el Anexo 2.7.

¿Cuántas piezas has sido capaz de rememorar? Creo que te estoy leyendo la mente: ¡es muy difícil recordar todas! Lo sé, hay muchas, de distinto color en casillas diferentes. Son demasiados detalles...Pero no olvides la frase: «Únicamente el mayor rival que tienes es tu yo del pasado». Hoy habrás sido capaz de memorizar dos piezas, mañana proponte memorizar tres y así sucesivamente, pasito a pasito, pero con paso firme.

Este ejercicio es uno de mis favoritos cuando doy conferencias en público. A mis oyentes les suelo colocar un tablero lleno de piezas y les pido que traten de memorizar el mayor número posible y su colocación exacta en cada casilla. Después, quito la imagen y en un tablero portátil que llevo les invito a que digan en voz alta el número de piezas que recuerdan. Solemos llegar a cinco, seis en total. Después, les pregunto qué estrategia de memorización han llevado. Se hace el silencio, ¡increíblemente casi nadie utiliza ningún método de memorización! Tan solo tratan de recordar todas a mogollón. Así que entre risas les doy una segunda oportunidad y los invito a utilizar alguna estrategia de memorización —lo pueden seguir haciendo individualmente o con alguno de los compañeros que tienen al lado—. ¡Y *voilà*! De repente todos recuerdan muchas más y en las casillas exactas.

A partir de aquí comenzamos a reflexionar sobre dos hechos que han ocurrido en la conferencia en solo cinco minutos. El primero es sobre la importancia de establecer una estrategia para la consecución de un objetivo, en este caso la memorización del tablero de ajedrez, debido a que se necesita focalizar la atención sobre él, movilizando todos los recursos mentales de los que disponemos; y el segundo es sobre la trascendencia del compañerismo en la realización de actividades, y es que dos mentes pensantes y trabajando al unísono en la misma actividad son el doble de potentes que una.

Trabajar la memoria de manera continuada es un buen aliado para llevar una mejor vida y evitar los olvidos cotidianos —por ejemplo, dónde están las llaves, el coche aparcado, las labores diarias, entre otros—. La memoria es la función que codifica la información del ambiente y la almacena en el cerebro, permitiéndonos adquirir aprendizajes y experiencias en nuestro día a día y poder de esta forma recuperar esta información codificada en el preciso momento en que la necesitemos. Es por ello por lo que, con independencia de la edad, tanto en menores como en mayores, se recomienda realizar ejercicios específicos de memoria.

El ajedrez, aparte de entrenar estas dos funciones cognitivas, la atención y la memoria, es una excelente herramienta para trabajar otras habilidades como son las funciones ejecutivas —como hemos podido ver en el bloque «El ajedrez como escuela de vida»— y el procesamiento visoespacial, que es la capacidad de poder ubicar objetos en el espacio. Esta habilidad está muy presente en nuestro día a día, por ejemplo, cuando queremos ubicarnos en un mapa para ir a una dirección, si queremos ver la distancia entre dos puntos o si queremos rotar mentalmente objetos.

Así que te traigo un nuevo desafío para trabajar la capacidad visoespacial. ¡A por él!

Reto 8. Las piezas caminantes

En esta actividad el objetivo es que te desplaces por las casillas del tablero de ajedrez según las directrices que vayan dando las piezas hasta que consigas llegar a la casilla diana que se encuentra oculta. Las indicaciones son:

♗	Diagonal Larga distancia
♖	Filas y columnas Larga distancia
♙	Enfrente 1 casilla

¡Vamos a verlo con un ejemplo! Tú te encuentras en la casilla b1, donde aparece una cara sonriente, y debes desplazarte por el tablero según las indicaciones de las piezas:

Indicaciones de piezas	
1	♟
2	♝ 6 casillas derecha
3	♜ 3 casillas izquierda
4	♝ 2 casillas derecha
La casilla diana es "g6"	

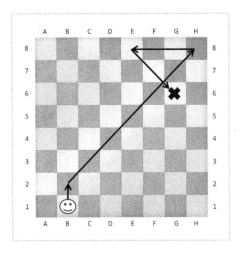

¡Ha llegado tu turno! Te encuentras situado en la casilla d1. Dibuja con flechas cada una de las instrucciones que tus piezas te van diciendo hasta llegar a la casilla diana. Para ver la solución, ve al Anexo 2.8.

Indicaciones de piezas		
1	♜	2 casillas derecha
2	♝	2 casillas izquierda
3	♟	
4	♝	4 casillas derecha
5	♜	3 casillas izquierda
6	♟	4 casillas izquierda
¿Cuál es la casilla diana?		

Además, ¡te traigo una buena noticia que ha sido descubierta recientemente! El cerebro humano nunca deja de aprender, en contraposición a lo que se pensaba. Las personas mayores siguen creando rutas y nuevas conexiones neuronales que les permite adquirir nuevos conocimientos, adaptándose al entorno. Por lo que ¡ya no hay excusa!, es momento de comenzar a ejercitar la mente si quieres tener una vida cognitiva sana.

APRENDIZAJES

1. Recuerda que tu único rival es tu yo del pasado.
2. Sé constante en tus entrenamientos. Mejor una pequeña dosis todos los días que mucha en uno solo.
3. El principal objetivo de jugar al ajedrez es tener una mente sana, no crear campeones.
4. El ajedrez es una herramienta que te ayuda a fortalecer la atención y la memoria.

7

¿QUÉ ES ESTE HURACÁN EMOCIONAL?

He de confesarte un hecho: el ajedrez es pura emoción incontrolable que golpea, dispara o se aminora según la melodía que genera cada latido de nuestro corazón. En cada jugada, la melodía se transforma, cambia de rumbo o se vuelve inerte, depende de lo que el susurro de los pensamientos le quiera contar. ¡Cuidado, tu rey está en jaque, vas a perder el tren! La melodía chirriante comienza a aparecer para convertirse en un estridente tono que augura dificultades; ¡Voy a ganar, mi rival se ha dejado el alfil, qué bien voy a quedar con mis amigos! En este momento la melodía se suaviza y un tono alegre y risueño impregna de colores vivos el ambiente.

Cognición y emoción se unen para jugar en la misma partida, a veces están en el mismo equipo, pero en otras ocasiones llegan a transformarse en contrincantes. Las civilizaciones pasadas ya eran conscientes de la existencia de esta dualidad retroalimentativa. Por ejemplo, en la antigua filosofía china existía el término *chi*, que significaba 'disposición de ánimo o aliento, aire' y se entendía como la energía vital que unía la mente, el espíritu y el cuerpo. Este mismo concepto aparece también en la India con el nombre *prana* o en Japón, llamado *ki*. Por todo ello, me gusta hablar de las emociones que se esconden tras el ajedrez, tras cada movimiento realizado, tras cada pensamiento enmarañado de dudas y recovecos, tras cada reacción, tras cada mirada... tras la pura esencia del ajedrez.

Para comenzar a adentrarnos en el mundo de las emociones, es importante entender que emoción y sentimiento no es lo mismo. La emoción es el conjunto de las respuestas neuroquímicas y hormonales que nos predisponen a reaccionar de una forma espontánea, incontrolable y automática ante un estímulo externo —vemos un león y sentimos miedo, el rival nos da jaque mate— o ante un estímulo interno —recordamos con añoranza las vacaciones en el pueblo, dudo entre varias jugadas en una posición—. Sin embargo, el sentimiento es la interpretación y la valoración consciente que hacemos de las emociones y, en general, de la experiencia subjetiva, es decir, es la capacidad de reflexionar y pensar sobre lo que se está sintiendo —siento miedo cuando veo un león; me siento triste cuando mi rival me ha dado jaque mate—.

Las emociones son manifestaciones fisiológicas que se originan en el cerebro frente a un estímulo interno o externo y se caracterizan por ser conscientes, subjetivas —cada persona siente las emociones con matices y grados de intensidad diferentes; involuntarias—. Surgen de manera incontrolable sin que podamos hacer nada para evitar su aparición y son intensas pero limitadas en el tiempo. Por otro lado, el sentimiento es la interpretación que hacemos de la emoción que estamos experimentando.

Las emociones y su gestión es uno de los temas más en boga en la actualidad por el gran analfabetismo emocional que hay en la sociedad, es decir, las personas tienen una falta de autoconocimiento emocional y carecen de herramientas para saber gestionar y expresar las emociones de una manera funcional. Esta analfabetización conlleva desequilibrios emocionales que pueden llegar a manifestarse en inseguridades, síntomas ansiosos, baja autoestima, comportamientos impulsivos y, en peores grados, síntomas de vacío emocional. Para remediarlo, las escuelas están comenzando a educar en inteligencia emocional para lograr alfabetizar en emociones a las generaciones venideras.

La inteligencia emocional es la capacidad de reconocer y etiquetar las emociones, saber regularlas y comprenderlas, tanto las nuestras propias como las de aquellos que nos rodean. Si bien es cierto que la palabra inteligencia siempre ha estado muy ligada a conceptos cognitivos y memorísticos, sin embargo, por todos es sabido que hombres y mujeres son más que cerebro racional, el comportamiento humano es tan complejo que resulta irrisorio limitarlo a ello.

Desde la prehistoria, las emociones han gobernado los comportamientos humanos. El cerebro más primitivo era todo instinto, se encargaba de controlar las funciones básicas como la alimentación, la respiración y la reproducción. Millones de años después, este cerebro primitivo evolucionó y dio origen a los centros emocionales, lo que conocemos como el sistema límbico, que guardan y regulan las emociones más irracionales, como el miedo, la tristeza, la ira...; y muchos millones de años después surgió el cerebro racional, el neocórtex, el gobernador de nuestro raciocinio.

Hoy por hoy todas las personas contamos con estos tres cerebros, los cuales se coordinan entre sí para garantizar la supervivencia, lo que se traduce en que somos seres instintivos, emocionales y racionales. Y es que si te fijas, en pleno siglo XXI el comportamiento humano sigue este mismo orden, primero sentimos con el corazón y luego razonamos sobre el porqué de esa emoción. Cuando se nos cae un vaso de agua, primero nos apartamos y nos asustamos, y es después cuando comprendemos que esta acción no causa un peligro.

¿Pero cómo puede ser que el cerebro instintivo y el emocional primen sobre el racional? La razón es que el cerebro racional, a pesar de ser el más evolucionado y el que permite dar coherencia y comprensión cognitiva de una forma compleja a las situaciones, tiene un gran defecto, y es que su puesta en marcha es lenta; mientras que el procesamiento de los cerebros instintivo y emocional es automático, ya que están diseñados para la pura supervivencia.

Peter Salovey y John Mayer fueron los primeros en acuñar el término de inteligencia emocional en 1990; sin embargo, fue Daniel Goleman quien en 1995 lo popularizó, convirtiéndose en uno de los máximos referentes en inteligencia emocional.

Nos pasamos el día tomando decisiones sobre esto o aquello, y para la elección de cada una de nuestras jugadas es necesario que estas tres áreas se coordinen. No es posible que decidamos únicamente desde uno de nuestros cerebros —salvo en aquellos que están enfermos—, obviando la intervención de los otros dos.

Cuando elegimos el siguiente movimiento en una partida de ajedrez, el cerebro racional calcula y piensa diferentes posibles jugadas para realizar, y es el cerebro emocional quien le impregna con sus sensaciones positivas o negativas sobre cada una de ellas para finalmente realizar el mejor movimiento que pensamos y sentimos.

Esto ocurre también en las elecciones de nuestra vida cotidiana, cuando, por ejemplo, estamos enfadados con un amigo y tenemos que buscar una solución. El cerebro racional piensa en alternativas —pedirle perdón, escribirle para hablar en persona, ignorarlo y no volverle a hablar— y es el emocional el que valora desde el corazón cada una de las posibles respuestas para, finalmente, tomar la mejor decisión que pensamos y sentimos.

Esto es la inteligencia emocional, la capacidad de racionalizar las emociones para comprender cuál es la mejor forma en la que podemos ser capaces de influir de un modo inteligente y adaptativo sobre nuestras propias emociones, así como en la interpretación del mundo emocional de los que nos rodean.

Ser seres con una buena inteligencia emocional tiene un papel crucial en el bienestar general, en la manera en la que socializamos así como en las estrategias de adaptación al mundo en el que vivimos.

Para mí, la enseñanza de la estrategia del ajedrez tiene que ir acompañada siempre de la enseñanza emocional por dos razones: la primera es que si obviamos que existen emociones cuando jugamos al ajedrez, estamos eliminando de la ecuación una variable importante que multiplica a la variable pensamiento —sabemos que la emoción afecta al pensamiento y al tipo de jugada que realizamos—; y la segunda, estamos privando de una oportunidad excelente de educación en inteligencia emocional.

Si nunca has jugado una partida de ajedrez, te invito a que te sientes delante de un tablero y simplemente comiences a mover las piezas. Aunque tu conocimiento sea limitado, muévelas y espera a que tu rival efectúe la suya para volver a mover. Comenzarás a experimentar un sinfín de emociones: cosquilleo en la barriga, aceleración del corazón, notarás que te encuentras en alerta constante, sintiendo incertidumbre mientras esperas a que tu adversario haga su jugada, inseguridad ante su movimiento, alegría o tristeza según vayas capturando o tu contrincante capture tus piezas… Estas reacciones fisiológicas que vivencias cuando juegas una partida de ajedrez también ocurren en tu vida diaria, por ejemplo, ante un examen, cuando hablas con extraños, cuando tienes que ir a hacer un recado, etc.

> Mientras juegas una partida de ajedrez se activa automáticamente tu maquinaria cognitiva —pensamientos, razonamiento, atención— y tu maquinaria emocional —emociones y sensaciones—.

Si quieres ser consciente de tu mundo emocional interno, te propongo que hoy mismo comiences a elaborar una lista de emociones y sentimientos que te vayan ocurriendo a lo largo del día. Al llegar la noche comprobarás cómo tu vida ha sido más emocional de lo que te imaginabas.

Reflexión 1. La lista emocional

Día	
¿Qué emoción/sentimiento tengo?	**Ante qué estímulo**
Me he sentido contenta.	*Cuando he capturado una pieza a mi rival.*

En competiciones oficiales, cuando estamos jugando una partida de ajedrez, es habitual que anotemos en un papel, llamado planilla, cada uno de los movimientos que realizamos, tanto del rival como nuestras propias jugadas.

AJEDREZ CON CABEZA
c/ Cercedilla nº 3 Madrid 28015
www.ajedrezconcabeza.com

TORNEO:			CLUB RIVAL:				
RONDA Nº		MESA Nº			FECHA: / /		
BLANCAS:					RESULTADO		
NEGRAS:					RESULTADO		
	BLANCAS	NEGRAS		BLANCAS	NEGRAS		BLANCAS	NEGRAS
1			21			41		
2			22			42		
3			23			43		
4			24			44		
5			25			45		
6			26			46		
7			27			47		
8			28			48		
9			29			49		
10			30			50		
11			31			51		
12			32			52		
13			33			53		
14			34			54		
15			35			55		
16			36			56		
17			37			57		
18			38			58		
19			39			59		
20			40			60		

La planilla es una herramienta excelente de aprendizaje *a posteriori*, ya que nos ofrece una retroalimentación de nuestro juego, en donde podemos estudiar los aciertos y los errores que hemos cometido, el tiempo que hemos tardado en realizar cada jugada y, además, nos permite también analizar las variaciones emocionales que hemos tenido durante el transcurso de la partida. Todo ello nos brinda un aprendizaje para futuras ocasiones, muy superior al simple hecho de terminar una partida y solo centrarnos en el resultado.

Uno de los consejos que me gusta trasladar a mis alumnos es la idea de que cuando realizamos una jugada mala, o trazamos un mal plan, este no lo tenemos que etiquetar como error, sino como aprendizaje. Sin embargo, cuando en futuras partidas volvemos a realizar la misma jugada o plan erróneo, aquí sí que será etiquetado como error, pues este aprendizaje ya lo teníamos que haber adquirido de la anterior partida.

> El primer tropiezo que sufrimos cuando realizamos una actividad tiene que ser entendida como un aprendizaje. Sin embargo, si volvemos a tropezar dos veces con la misma piedra, esto sí que es un error, ya que este aprendizaje tuvo que ser adquirido previamente con el primer tropiezo.

Para trabajar este concepto de aprendizaje y error me gusta hacer con mis pupilos una actividad que llamo mi Pequeño diario de aprendizaje. Este libro es un diario en el que el ajedrecista va escribiendo sobre las partidas que ha jugado. En cada una de ellas el alumno tiene que realizar una autocrítica de su propio juego, escogiendo dos jugadas que, objetivamente, han sido buenas —tanto jugadas como planes— y dos que, objetivamente, han sido malas. Estas últimas son las jugadas aprendizaje, que les servirán para futuras ocasiones. En ambas tienen que realizar una pequeña descripción de lo ocurrido y de cómo se sentían emocionalmente cuando realizaron el movimiento. El objetivo de esta actividad es invitarlos a realizar una introspección, a ser reflexivos, parar y tomar conciencia de sus propias jugadas y valorarlas.

En el día a día, al igual que ocurre en una partida de ajedrez, cada movimiento que realizamos construye un pasito de nuestra vida, cada movimiento se acerca o se aleja de los objetivos, cada captura o sacrificio de pieza son momentos críticos que transforman nuestro rumbo en ella. De entre todos los pasos que vamos dando, hay algunos que son buenos y nos impulsan a avanzar —¡incluso algunos llegan a ser zancadas!— y otros que nos hacen retroceder y caer. Como dicen las viejas lenguas, esto es ley de vida.

Podemos tener una actitud en la que el rival sea el que lleve el mando de la partida y nosotros solo nos dediquemos a mover las piezas, a vivir, pero sin producir cambios en ella, sabiendo que al final será el adversario el que acabe dándonos jaque mate; o podemos ser nosotros quienes agarremos el timón, aprendamos a realizar una rompiente a las olas más bravas y naveguemos trazando los planes de nuestra vida, haciendo de cada movimiento un aprendizaje. Te invito a a realizar durante veinte minutos una vez a la semana tu pequeño diario de aprendizaje sobre los movimientos que haces en tu día a día parar a reflexionar sobre ellos y observar cómo cada paso que das suma en tu partida.

Reflexión 2. Pequeño diario de aprendizaje

Semana: _____

a) Jugadas buenas realizadas

¿Cómo ha sido?	¿Cómo te has sentido?	¿Cuál ha sido la reacción?	¿Qué te ha llevado a realizarlo?	¿Cómo podrías mejorar esta jugada?
He ayudado a una persona a cruzar la calle.	Emocionalmente enriquecida.	Sorpresiva para el señor.	Detenerme y ver la necesidad que tenía.	Estando más atenta a las necesidades ajenas.
2.				
3.				

b) Jugadas de aprendizaje

¿Cómo ha sido?	¿Cómo te has sentido?	¿Cuál ha sido la reacción?	¿Cuál piensas que ha podido ser el «fallo»?	¿Cómo podrías mejorar esta jugada?
He discutido con mi jefe por no haber entregado los informes a tiempo.	Mal y no comprendida.	Se ha enfadado y no he tenido el valor de decirle nada.	Me ha faltado organización y estoy sobresaturada de trabajo.	Organizarme mejor y decir a mi jefe que no llego a todo.
2.				
3.				

En definitiva, el ajedrez es el ensayo emocional para la representación de la vida. Con su práctica irremediablemente nos alfabetizamos emocionalmente, ya que en cada jugada sentimos un inmenso mar de emociones que debemos reconocer, etiquetar y aprender a gestionar. Así, cuando juguemos, cuando estemos viviendo la vida, las emociones estarán en nuestro bando, y trataremos de evitar que provoquen interferencias en nuestro juego y, por ende, que acaben dando jaque mate a nuestra salud mental.

APRENDIZAJES

1. El cerebro humano está formado por tres cerebros: el instintivo, el emocional y el racional.
2. La inteligencia emocional es la capacidad de percibir, comprender, manejar y utilizar las emociones.
3. La alfabetización emocional es importante para el autoconocimiento, el bienestar psicológico y el saber relacionarse con el prójimo, teniendo en cuenta el mundo emocional.
4. El ajedrez es el ensayo emocional para la representación de la vida.

8

El poder empoderante de tres verbos: sentir, pensar, hacer

El exterior deja de existir y solo estoy yo conmigo misma. Me concentro en mi respiración, en cada inhalación y exhalación, en mis turbulentos e incesantes pensamientos que no dejan de corretear sin parar por mi cabeza y en hacer que cualquier tipo de emoción fisiológica y cognitiva estén en mi bando, impidiendo que se conviertan en mis enemigos. Esto es lo que ocurre en mi mundo interior en cada una de las partidas que disputo al ajedrez.

Se podría decir que he tenido una vida muy cómoda y lineal en la que he ido concatenando cada uno de mis pasos como si se tratasen de eslabones en una cadena. Vamos, la vida típica de una joven nacida en un país desarrollado en estos días. Fui al colegio de mi barrio, ingresé en la universidad cuando cumplí los dieciocho, luego estuve opositando y para concluir realicé mi doctorado. En todas estas instituciones he podido aprender una gran cantidad de conocimientos teóricos y formarme como la psicóloga que hoy soy. Sin embargo, con el paso de los años, he comprendido que, paralelamente a estas instituciones, el ajedrez ha sido y es mi auténtica escuela emocional. Solo él me ha enseñado qué son las emociones, a sentirlas, a vivirlas y experimentarlas en toda la posible gama de intensidades que existe, a saber colocar la etiqueta correcta a cada una de ellas y a aprender a gestionarlas.

El ajedrez me ha enseñado que no hay emociones buenas ni malas, sino que dependen del contexto en el que se produzcan; es decir, todas las emociones pueden ser útiles si las interpretamos y gestionamos de la manera correcta. Por ejemplo, el miedo no es malo si nos alerta de que un coche nos va a atropellar o de que el rival nos está lanzando un ataque fuerte contra nuestro rey. No obstante sí que podríamos decir que el miedo es desadaptativo si el peligro en realidad no existe, el coche se encuentra parado delante de nosotros o el rival solo nos está atacando con una pieza sin posibilidad de darnos jaque mate.

Lo único que podríamos decir sobre las emociones es que las hay que nos agradan o nos desagradan. Por ejemplo, cuando nos sentimos tristes, el cuerpo se encorva, bajamos la mirada, aparecen las lágrimas y estas sensaciones las vivenciamos como desagradables, pero por ser desagradables no quiere decir que obligatoriamente tengan que ser negativas. Sin embargo, solemos cometer el error de relacionar negativo con desagradable debido a que estar triste siempre lo etiquetamos como emoción negativa.

> Las emociones pueden ser adaptativas o desadaptativas —no buenas o malas— y son necesarias para la supervivencia como especie, ya que es un reflejo de nuestro interior y de la interacción e interpretación con el mundo exterior.

Esto provoca que en muchas ocasiones las personas traten de evitar sentir tristeza, enfado o miedo con el objetivo de no experimentar emociones negativas, y para ello se equipan con corazas de hierro indestructibles que no dejan aflorar ni un resquicio de emoción. Pero si lo que debemos expulsar se queda dentro, reprimimos las emociones, estas acabarán estallando cuando menos lo esperemos y es esto en realidad lo negativo.

«No pasa nada» es una de las frases que más me aterra y chirría en los oídos cuando se dice ante la expresión de sentimiento de derrota de alguien. Nos duele perder, pero sobre todo lo que nos estremece son las emociones y los pensamientos que se generan por esa derrota. Derrota en el ajedrez, derrota en suspender un examen, derrota en que tu novio te deje, derrota en que tu jefe te eche del trabajo, y en las mil derrotas que sentimos mientras jugamos nuestra partida de vida. Responder con un «no pasa nada» cuando alguien nos muestra su voz entrecortada y su mirada afligida ante su derrota es responderle desde la cabeza y no desde el corazón, no empatizando con él y negando el sentimiento que está teniendo y, por ende, invalidando su expresión.

Cuando se pierde en la vida, no duele el jaque mate en sí, duele el esfuerzo que has invertido en la partida desde el primer movimiento, duelen las horas que llevas a la espalda de estudio, de dedicación, de esfuerzo; la partida es solo la puesta en escena de las mil horas de sudor y lágrimas, y eso es precisamente lo que duele, el fallarte a ti y a tu camino andado.

Siento la derrota como si se tratase de un desprendimiento de piedras sobre el camino recorrido. Y cuando el sentimiento te corrompe por dentro, es contraproducente oír esto de «no pasa nada, que es solo una partida, un examen, un chico más, un trabajo más…»; la derrota es más que eso, es camino.

> Cuando alguien pierde, trata de conectar emocionalmente con él. Déjale un espacio para desfogarse y permítele expresar todo lo que está sintiendo. Aléjate de lo racional y de la mortífera frase «no pasa nada».

Este es uno de los máximos aprendizajes que les traslado a los padres de jóvenes ajedrecistas. Cuando tu hijo salga llorando de la partida porque ha perdido, les digo, siéntale y háblale desde el corazón, y cambia la frase «no pasa nada» por acurrucarle entre tus brazos y decirle «te entiendo». De esta forma se producirá una conexión emocional y el niño se verá comprendido. Después, habrá que secarse las lágrimas e ir a por la siguiente partida.

LA DIFÍCIL TAREA DE SER PADRES DE JÓVENES DEPORTISTAS

Ser padres es una ardua tarea, pero ser padres de jóvenes deportistas multiplica por cinco la dificultad. Los padres tratan de hacer lo mejor que saben para educar a sus pequeños, pero en muchas ocasiones he podido vivenciar cómo trasladan a sus hijos sus frustraciones, queriendo que se conviertan en campeones, dejando de lado el simple placer que supone jugar y competir.

Se me viene a la mente una experiencia un tanto desagradable que viví en uno de los campeonatos de España cuando iba como entrenadora de la selección de Madrid sub08 —pequeños de hasta ocho años de edad—. En estos campeonatos los padres no pueden entrar en la sala de juego y solo estamos los entrenadores de cada comunidad dentro de ella por si a alguno de nuestros chicos le surge algún problema.

El hecho ocurrió durante la quinta ronda del torneo. Cuando llevaban unos veinte minutos jugando, a lo lejos divisé cómo uno de mis peques había terminado su partida, pero no se levantaba de su asiento para salir de la sala e ir con sus padres. Me acerqué a él para que me contara cómo le había ido y de repente un mar de lágrimas cubrió su rostro. Le abracé y traté de consolarle, pero su llanto parecía no terminar, por lo que acabé preguntándole por la razón de esas lágrimas. A lo que me contestó:

—Es que voy a salir y mi padre me va a regañar. Me dijo que este rival era muy malo y que yo tenía que ganarle.

Me quedé petrificada. ¡No lo podía creer! Por lo que decidí salir yo a hablar primero con los padres y darles unas pequeñas pautas exprés para ir allanando el camino y preparar la reconciliación de la conexión emocional padre-hijo.

Para evitar este tipo de situaciones, cuando trabajo con padres trato de hacerles reflexionar sobre su rol como padre y el que tiene que adoptar el entrenador. Este último es, generalmente, técnico, y debe centrarse en la parte del perfeccionamiento del juego, mientras que el papel de los padres es más emocional.

Hay que entender y ser conscientes de que en el momento en que un padre contrata a un entrenador está depositando en sus manos la educación de su pequeño —al igual que cuando acude al colegio—, por ello tiene que confiar en él y en su metodología sin interferir en su trabajo. Por su parte, los padres tienen que aportar ese grano emocional, entender la rabia y frustración en cada derrota que su hijo sufra, evitando realizar cualquier comentario técnico del juego y, sobre todo, haciendo que el joven deportista sepa que ahí están sus padres, su base segura. El objetivo es que el triángulo entrenador-padre-deportista fluya y haya buena conexión entre los tres, sabiendo el cometido que cumple cada uno y tratando de evitar que los padres adopten también el rol de entrenadores, ya que esto solo provocará que el pequeño deportista se acabe desgastando y abandonando el juego.

Cuando trabajo con pequeños ajedrecistas me gusta utilizar una técnica que llamo Mis cinco minutos. Es muy sencilla y todos mis guerreros la conocen por si sienten la necesidad de querer aplicarla en algún torneo. Consiste en que si en alguna derrota necesitan llorar, lo hagan, pero solo ¡durante cinco minutos! Ponemos el cronómetro del móvil y pueden desahogarse, llorar, gritar todo lo que ellos quieran, pero cuando el cronómetro ponga 5:00, saben que se acabó el llorar. Es momento de ir al baño, mojarse la cara, mirarse al espejo y decir «¡allá que voy!». En todo este proceso si ellos quieren puedo estar a su lado. El objetivo de la técnica es dejar ir, sacar fuera del cuerpo la energía de frustración y rabia que está en ebullición dentro de sus mentes, y solo después de esta catarsis es momento de poner un punto y final a esa partida de la que ya no podrán cambiar el resultado y comenzar a centrarse en la siguiente, evitando sentirse arrastrados por el resultado de la anterior derrota.

Tenemos que comprender que las emociones son adaptativas y que cada una de ellas cumple una función en la vida de las personas. Por ejemplo, el miedo es la emoción que nos protege de posibles amenazas o ataques. Cuando percibimos miedo, nos vienen a la mente pensamientos del tipo «estoy en peligro, tengo que huir de la situación, no sé qué puede ocurrir». Y ante tales pensamientos nos invaden sensaciones de tensión muscular, comenzamos a sudar, la respiración se acelera y el corazón nos late sin parar. Las sensaciones y los pensamientos hacen que nuestra alerta se dispare y en los peores trances tratemos de salir corriendo para alejarnos del peligro potencial.

El enfado es la emoción que nos ayuda a marcar los límites, a luchar contra las injusticias y a reafirmarnos como personas. El enfado viene provocado por pensamientos del tipo «estoy en desacuerdo con tu acción, no me parece justo». Lo que produce que sintamos cómo el corazón se acelera, notemos los músculos tensos y, en general, un aumento de la temperatura corporal. Todo ello provoca que en muchas ocasiones lleguemos a explotar, gritando, insultando, poniendo mala cara, y en los casos más extremos lleguemos incluso a agredir.

La tristeza es considerada la emoción de la pérdida que nos invita a parar, reflexionar y volver a comenzar con una nueva visión.

Cuando estamos tristes nos invaden pensamientos pesimistas del tipo «siempre me sale todo mal, no tengo actitud de hacer nada, he perdido algo importante para mí». Esto provoca que nuestra energía se desplome, el corazón se desacelere, perdamos tono muscular y sintamos un dolor punzante en el pecho. Todo ello provoca que nos entren ganas de llorar, de estar solos, de dormir y de tener una actitud introspectiva hacia nosotros mismos.

El asco es la reacción de aversión hacia algo que nos resulta desagradable o repugnante. Normalmente, lo que nos produce esta clase de emoción suelen ser alimentos en mal estado o que no nos gustan, olores desagradables, fluidos corporales, algunos animales, entre otros. Cuando sentimos asco nos invaden pensamientos del tipo: «¡Es asqueroso, no tiene muy buena pinta!». El cuerpo lo vivencia aumentando su latido cardiaco, activando el sistema gastrointestinal y, en casos extremos, produciendo náuseas y vómitos. Ante tales situaciones, la conducta suele ser de evitación, de rechazo para alejarnos y «no contaminarnos».

> Los psicólogos Ekman y Goleman dicen que los humanos tenemos seis emociones básicas que son alegría, tristeza, miedo, ira, asco y sorpresa.
> Son llamadas básicas porque son innatas y están determinadas biológicamente, permitiendo la supervivencia de nuestra especie. Además, su expresión y reconocimiento son universales.
> Por otro lado, las emociones complejas aparecen por la combinación de las emociones básicas y suelen estar causadas por normas morales o sociales. Algunas de estas son la vergüenza, los celos, el aburrimiento o el orgullo.

Te invito a contemplarte y a empezar a entender y a escuchar a tu cuerpo. Para ello, cuando estés sintiendo una emoción, trata de descifrar el mensaje que te está mandando el cuerpo y pregúntate el porqué de ello —¿por qué estoy tenso?, ¿por qué estoy alegre?—.

Reflexión 3. Descifrar los mensajes del cuerpo

¿Por qué estoy...?	¿Qué emoción estoy sintiendo?	¿Cómo se manifiesta en mi cuerpo?
Tenso.	Miedo.	Temblor y mente en alerta.

Otro elemento importante es aprender a expresar las emociones de un modo funcional. El grado de intensidad con el que se expresen es un factor clave para hacer que la emoción no acabe resultando desagradable ni para ti mismo ni para los que te rodean. Por ejemplo, cuando sientes alegría al ganar una partida de ajedrez, esta debe ser contenida y no manifestarla delante de tu rival, ya que pudiera ser considerada como una falta de respeto hacia tu contrincante, además de mostrar poca empatía hacia él, que recordemos, acaba de perder; o, por ejemplo, si en un supermercado una persona se cuela en la fila, es normal mostrar enfado hacia ella, pero esta emoción debe ser comedida para no llegar a crear una situación violenta.

Te invito a realizar una actividad reflexiva con el fin de analizar qué emoción has sentido ante una situación que para ti fue conflictiva, qué grado de ebullición marcaba tu termómetro de la emoción —teniendo en cuenta que cero es nada y diez, mucho—, e indiques cuál fue tu comportamiento ante tal situación.

Reflexión 4. El termómetro de las emociones

Situación	¿Qué emoción sentí?	Termómetro de emoción	¿Cuál fue mi comportamiento?
Me dejé una pieza en una partida de ajedrez.	Tristeza.	1 2 3 4 5 6 7 8 (9) 10	Abandonar la partida y salir corriendo.
		1 2 3 4 5 6 7 8 9 10	
		1 2 3 4 5 6 7 8 9 10	

La actividad que acabas de realizar es un ejercicio de autoconocimiento emocional cuyo objetivo es trazar la relación existente entre la intensidad de la emoción y el comportamiento en que desemboca. Lo puedes observar de una manera clara cuando tu termómetro de emoción está al rojo vivo —marcando números por encima del 8— y tu comportamiento se ve alterado, haciendo que actúes de un modo no acorde con tus principios.

Y es que, si te das cuenta, pensamiento, emoción y conducta se retroalimentan constantemente, lo que te permite relacionarte con tu mundo interior y exterior. Tus acciones están determinadas por la forma en que interpretas cada una de las situaciones. Tendemos a pensar que es la situación la que desencadena nuestras emociones, y esto es una falsa creencia; el que nos despidan del trabajo no desencadena el sentimiento de tristeza, sino que son los pensamientos que nos decimos los que hacen desencadenar ese sentimiento.

El psicólogo estadounidense Albert Ellis lo ejemplificó en su modelo ABC, que se sustenta en el hecho de que no nos alteramos por las circunstancias y los sucesos que ocurren, sino por el modo en qué pensamos acerca de estos acontecimientos. Ellis propone tres componentes en su modelo ABC:

—El componente A hace referencia al estímulo activador, tanto interno (por ejemplo, un recuerdo que te venga a la memoria) como externo (estar viendo algo *in situ*).
—El componente B hace referencia al sistema de creencias cognitivas (recuerdos, pensamientos, normas, actitudes…) que cada persona tiene y que, por ende, conforman el modo en que cada individuo entiende el mundo y la forma de ser particular de cada persona.
—El componente C hace referencia a las consecuencias, a las respuestas emocionales y conductuales particulares que cada persona da ante un estímulo.

Ejemplificando este modelo, quiere decir que ante un estímulo (A) no se desencadena una consecuencia (C), sino que está mediada por el tipo de pensamientos (B) que nos decimos.

Un estímulo (A)	Pensamientos (B)	Consecuencia (C)
Despido del trabajo. Perder una partida de ajedrez. Recuerdo de mis vacaciones.	No valgo para nada. Siempre me pasa igual.	Sentimientos de tristeza, desasosiego, abandono.

Ser consciente de la fuerza y la relación tan íntima de los tres verbos —pensar, sentir y hacer— es crucial para tratar de cambiar nuestra actitud y visión ante los jaques de la vida. Comenzar a observar cuáles son las palabras inconscientes que nos decimos, saber qué pensamientos corretean por la cabeza sin nosotros saberlo, es un primer paso para tomar conciencia y entender que son estos pensamientos los que hacen que experimentemos determinadas emociones y, además, son ellos, estos pensamientos, los que median en el nivel de intensidad de las emociones.

> Los pensamientos —nuestro lenguaje interno— nos provocan sentimientos y nos empujan a adoptar actitudes que determinan nuestras conductas. Estos tres componentes influyen en cada movimiento que vamos realizando en nuestra partida de vida.

Una vez seas consciente de tu runrún automático interior, bastará con que cambies un pensamiento por otro alternativo, y así podrás comprobar cómo estas pequeñas variaciones tienen una gran influencia en la respuesta que das ante los jaques de la vida. Comenzarás a cambiar la forma de estar en tus relaciones sociales, la forma de afrontar las adversidades, simplemente porque tus pensamientos estarán jugando en tu mismo bando.

He de decirte que toda transformación requiere de tiempo y constancia, es mejor tratar de establecer objetivos pequeños, un cambio de pensamiento cada semana, que abarcar todos de golpe, ya que será infructuoso y acabará por desanimarte, lo que hará que abandones tu transformación.

Reflexión 5. Observador del pensar, sentir y hacer

Como punto de partida a tu transformación cognitiva, te propongo un ejercicio sencillo para que comiences a ser consciente de lo que te dicen tus pensamientos e ir modificándolos por otros alternativos. Para ello, piensa en una circunstancia en tu vida diaria que te produzca algún tipo de incomodidad. Después, intenta ver qué clase de pensamiento automático estalla cuando estás viviéndola y la respuesta en que desemboca todo ello.

Ahora, el paso para cambiar es buscar un pensamiento alternativo que te puedas decir ante la situación original, y verás cómo tu respuesta ante la vida varía totalmente.

Estímulo /Situación	Pensamiento	Consecuencia	Pensamiento alternativo	Consecuencia alternativa
Perder una pieza en la partida.	*Que malo soy, otra vez me ha vuelto a pasar.*	*Perder rápidamente la partida.*	*Es cierto que me ha pasado, pero aún me quedan más piezas, voy a intentarlo.*	*Luchar más tiempo la partida.*
Perder el tren.	*Soy un desastre.*	*Sentirse triste y enfadada.*	*Es una faena haber perdido el tren, pero ya no puedo remediarlo, aprenderé para la próxima vez.*	*Rabiosa pero sosegada.*

Cuando estoy trabajando con mis pupilos, siempre les explico la poderosa unión de los tres verbos: pensar sentir y hacer. Claro que no busco que sean expertos en el conocimiento de la mente-cuerpo, pero sí que tengan unas nociones básicas sobre ello para que puedan manejar y gestionar sus pensamientos y emociones y llegar a convertirse en dueños de sí mismos.

APRENDIZAJES

1. Las emociones no son ni buenas ni malas, son adaptativas o desadaptativas.
2. Es importante que empieces a autoconocerte y trates de descifrar los mensajes que te envía tu propio cuerpo.
3. Los tres verbos, sentir, pensar y hacer, se retroalimentan constantemente.
4. La transformación cognitiva requiere de tiempo y constancia. Comienza el camino cambiando un único pensamiento cada vez.

9

EL MÁXIMO RIVAL ERES TÚ

R ecuerdo con añoranza los sabios consejos de mi abuelo. Ellos, que con los años que llevan a cuestas y a pesar de sus cabezonerías, siempre acaban teniendo la razón. Mi yayo siempre me decía que en las derrotas es casi en los únicos momentos donde toda persona se desprende de la máscara y deja al descubierto su auténtico yo. El jaque mate es sinónimo de que algo en tu vida no está del todo bien.

Hay quien ante la derrota se escabulle entre la multitud, pasando desapercibido; otros la viven, se recrean en ella y acaban hundiéndose en un oscuro hoyo, perdiendo la fuerza para poder salir de él. Hay quienes no le prestan atención, sin sentir ni padecer, o hay quienes se pintan la sonrisa negando la realidad. Sin embargo, hay otros que la sienten como punzadas en el corazón, cuestionando y removiendo su pasado para integrar este aprendizaje de derrota y poder comenzar una nueva partida, reafirmándose en su ser.

Y qué gran consejo me dio. Cada persona tiene un estilo de afrontamiento ante las adversidades, y no es que uno sea mejor o peor que los otros, simplemente son diferentes. No obstante, la capacidad de gestionar las emociones en cada uno de los estilos sí que es un determinante fundamental en nuestra respuesta y bienestar emocional. Por ello, es importante ser conscientes de la forma en que reaccionamos habitualmente ante los estímulos del exterior. ¿Eres consciente de la energía que te demandan los estímulos externos relevantes y de la energía improductiva que desgastas ante los que son irrelevantes?

Las adversidades existen y depende de nosotros saberlas gestionar de una manera adecuada o, por el contrario, quedarnos atrapados en ellas y que se produzca lo que se conoce como un bloqueo cognitivo, haciendo que nuestra productividad disminuya.

> Las adversidades forman parte del camino de la vida, del transcurso de una partida de ajedrez y, por ende, son inevitables. Lo que depende de nosotros y donde debemos poner el foco de trabajo es en la forma de hacerles frente, para superarlas y seguir escribiendo nuestra partida.

Para entender por qué se produce el bloqueo cognitivo y cómo podemos evitarlo, es esencial saber que el cerebro está compuesto por múltiples áreas, las cuales se encuentran conectadas entre sí, intercambiando constantemente información y permitiéndonos tener una adaptación al medio exitosa. De todas ellas, hay una en particular que es el lóbulo prefrontal —el encargado de integrar toda la información proveniente del resto del cerebro—. Es nuestro director de orquesta. Dentro de esta área se encuentran las funciones ejecutivas, que son aquellas que nos permiten planificar, memorizar, solucionar problemas, regular nuestro comportamiento, etc. Así que el bloqueo cognitivo se produce por un mal funcionamiento de esta área, del lóbulo prefrontal. Pero ¿por qué va a dejar de funcionar correctamente nuestra maquinaria perfecta?

Ha llegado el momento de presentarte a un viejo amigo, el cortisol, él es el responsable de todo, él es nuestra hormona del estrés. Esta hormona es generada por el propio cuerpo ante situaciones que evaluamos como nocivas, es decir, el cortisol es la señal que manda el organismo para avisar al resto del cuerpo de que estamos en peligro y debemos llevar a cabo acciones para salvaguardarnos.

Antes de seguir avanzando sobre la relación que existe entre el cortisol y el lóbulo prefrontal, quisiera romper una lanza a favor del estrés y eliminar algunos prejuicios que tenemos infundados sobre él. Normalmente, asociamos la palabra «estrés» con sentimientos como angustia, agobio, desesperación, ya que cuando el estrés corre incesante por nuestras venas, nos sentimos agobiados, fatigados, con falta de tiempo, sin capacidad de concentrarnos en una tarea determinada y haciendo que hasta lo más insignificante nos parezca todo un mundo. Lo descrito hace referencia a cuando caminamos por la vida con un estrés límite, podríamos decir que casi patológico, y ¡claro que esto no es sano para el cuerpo y la mente! Este tipo de estrés negativo lo llamamos distrés. Sin embargo, también existe otro estrés, en este caso positivo, y que llamamos eustrés.

El eustrés es la chispa que enciende nuestro motor para actuar en el día a día, activa el pensamiento creativo e innovador y nos motiva para la consecución de los objetivos. Tal es así que sentir un estrés positivo hace que el cuerpo pueda generar una respuesta adaptativa al medio. No obstante, en más ocasiones de las que debiéramos/quisiéramos, el estrés atraviesa la línea crítica fronteriza y acaba por convertirse en malo, generando en el organismo un estado de alerta constante, desestabilizándonos y haciendo que nuestras facultades cognitivas y físicas se vean comprometidas. Por ejemplo, sentimos estrés malo cuando nos encontramos ante una situación novedosa, aquellas que vivenciamos como impredecibles y sentimos que nada está bajo nuestro control, y, principalmente, en aquellas que sentimos que producen una amenaza a nuestra propia personalidad.

El estrés negativo, distrés, está relacionado con la producción de cortisol —la hormona del estrés— y produce un desequilibrio tanto fisiológico como psicológico en la persona que lo padece. Por su parte, el estrés positivo, eustrés, se encuentra asociado con la dopamina —la hormona de la felicidad— y produce un mayor rendimiento físico y mental en el día a día.

En definitiva, el estrés es un constructo psicológico que funciona como mecanismo de defensa, produciendo una reacción en las personas. Este mecanismo puede ser utilizado de manera puntual, sin embargo, cuando lo usamos de forma rutinaria, puede llegar a convertirse en perjudicial. En el pasado, los estímulos estresantes con los que se encontraban los humanos eran un león, un tigre, es decir, estímulos que amenazaban la integridad física de nuestros antepasados. Hoy la sociedad ha cambiado, ¡ya no hay leones ni tigres a nuestro alrededor! Ahora hay entrega de documentos finales, horas interminables de trabajo, reuniones, partidas de ajedrez... que hacen que se libere el cortisol. Y es aquí donde está el quid de la cuestión, en la relación entre cortisol y nuestro lóbulo prefrontal.

Como hemos visto, el estrés en situaciones concretas puede ser beneficioso porque nos alerta de un posible peligro potencial, sin embargo, el estrés mantenido es perjudicial, ya que secuestra al lóbulo prefrontal, lo que tiene efectos nocivos en él, pudiendo llegar a producir la pérdida de conexiones neuronales en el lóbulo prefrontal, lo que daría jaque mate a nuestro director de orquesta.

Estímulo estresor
Entrega del informe final
Estar jugando una partida
de ajedrez

Reacciones fisiológicas
Aumento de la respiración
Taquicardia
Sudoración

Reacciones psicológicas
Nerviosismo
Preocupación
Pensamientos negativos

Los niveles de **estrés**
comienzan a aumentar

El cortisol se libera
en el hipotálamo

Gran cantidad de **cortisol**
llega al lóbulo prefrontal

Se produce el
COLAPSO
COGNITIVO

Como puedes observar en el esquema, ante un estímulo estresor —entregar el informe final— comienzan a aparecer reacciones fisiológicas —taquicardia— y psicológicas —pensamientos de preocupación y nerviosismo— que se retroalimentan. Esta retroalimentación constante hace que los niveles de estrés aumenten y despierten a nuestra hormona del estrés, el cortisol.

La liberación del cortisol funciona como una llamada general a todo el cuerpo para que se prepare, porque existe una «amenaza potencial». Esta liberación sin control se apodera del cerebro y llega al lóbulo prefrontal —el director de orquesta, el que dirige todo nuestro comportamiento—, lo que produce un colapso cognitivo que nos impide rendir al cien por cien porque el cortisol se ha adueñado del control del cerebro.

Has de saber que el proceso de la relación cortisol-lóbulo prefrontal es mucho más complejo de como te lo cuento aquí, pero he querido simplificarlo para que tengas las herramientas suficientes y no volverte a dejar secuestrar por el cortisol. Pues bien, el margen de acción debe estar centrado en las reacciones fisiológicas y psicológicas ante la aparición de un estímulo estresante, pues una vez que el cortisol comienza a generarse, ¡ya tendrás poco que hacer!

Estímulo estresor
Entrega del informe final
Estar jugando una partida
de ajedrez

Reacciones fisiológicas
Aumento de la respiración
Taquicardia
Sudoración

**Aplicación de técnicas
de control fisiológico:**
Respiración y relajación

Reacciones psicológicas
Nerviosismo
Preocupación
Pensamientos negativos

**Aplicación de técnicas
cognitivas:**
Aceptación y cambio
de pensamientos

Los niveles de **estrés**
comienzan a aumentar

El cortisol se libera
en el hipotálamo

Gran cantidad de **cortisol
llega al lóbulo prefrontal**

Se produce el
**COLAPSO
COGNITIVO**

Un paso previo para aprender a gestionar las emociones es conocer, identificar y distinguir los sentimientos en nosotros mismos y también en las personas que nos rodean. Por ejemplo, cuando cometemos una mala jugada en una partida de ajedrez o en nuestra vida cotidiana, podemos creer que estamos sintiendo tristeza, pero lo que en realidad estamos vivenciando es enfado. Una mala percepción y reconocimiento de las emociones nos puede generar confusión, lo que nos llegaría a producir un encontronazo tanto con nosotros como con nuestro entorno. Es por ello por lo que en la primera fase debes aprender a identificar las emociones y a saber describirlas con palabras. Esto parece sencillo, pero se complica cuando estás vivenciando muchas conjuntamente, que suele ser lo habitual. Por ejemplo, ante la victoria de una partida, ante el aprobado o el elogio de un ser querido puedes decir «me siento feliz», pero ¿qué es para ti sentirte feliz? ¿Es acaso estar alegre, risueño, sentirte realizado, comprendido...? ¿Qué palabras responden a tu sentimiento?

Reflexión 6. Poner palabras a los sentimientos

Situación	¿Qué sentimiento tengo?	¿Qué palabras responden ante este sentimiento?
He aprobado el examen.	Feliz.	Siento alegría y me siento realizada.

Una vez que tienes cierta habilidad y eres conocedor emocional, estarás preparado para aprender a gestionar las emociones de una manera funcional con el objetivo de ser capaz de canalizarlas y mantener un equilibrio mental. Cuando estás en armonía contigo mismo, eres más productivo y, en general, te sientes más feliz.

Para comenzar, te invito a que te permitas sentir. Sé consciente de que las emociones nacen y mueren en ti por alguna razón y trata de entenderlas, ya que, como bien sabes, sentir emociones es algo inevitable. Por ello, déjalas expresarse y acéptalas tal como son en lugar de reprimirlas. Esto te ayudará a gestionarlas de una mejor manera. Por el contrario, si las niegas, les impides salir al exterior, lo que producirá será que se vayan acumulando dentro de ti, creando un caos interno que, irremediablemente, acabará explotando. ¡Pero cuidado! Tampoco es beneficioso para tu bienestar emocional que una emoción te invada de manera sobrenatural, descontrolada, y acabe apoderándose todo tu ser sin que tengas el control. Esto solo se puede remediar autocuidándote y tratando de vivir con un equilibrio emocional interno.

Respirar

Una de las herramientas más potentes para intervenir en el control fisiológico es la respiración. Te invito a aprender a respirar. ¿Sabías que hay un núcleo en el cerebro que regula la respiración? Lo llaman el marcapasos de la respiración. Sí, como lo lees. Respirar es más que inhalar y expulsar aire. Respirar es un gesto que permite desintoxicar nuestro cuerpo, oxigenando las células, eliminando el estrés y los bloqueos emocionales que acumulamos día tras día, para así poder vivir más armoniosamente con nosotros mismos.

Una de las respiraciones que más me gusta y que es la que suelo recomendar por su sencillez a la hora de ponerla en práctica es la abdominal o diafragmática —el diafragma es un músculo grande que se encuentra ubicado justo debajo de los pulmones, entre el pecho y el abdomen—. Para ello, lo primero que debes hacer es acostarte o sentarte en una silla cómoda. A continuación coloca una mano en la zona superior del pecho y la otra en el abdomen, haciendo que el dedo meñique quede encima del ombligo. El objetivo de esta posición es que puedas tener un control del movimiento de la mano en cada respiración. Ahora empieza a inhalar profundamente por la nariz y dirige el aire hacia el abdomen, haciendo que este se hinche. Tu mano situada en el abdomen comenzará a elevarse, mientras que la del pecho permanecerá quieta.

Retén el aire unos segundos y después exhálalo lentamente con los labios juntos.

Para interiorizar esta forma de respirar es importante tratar de hacerla consciente y repetirla numerosas veces al día. Una vez que la has automatizado, puedes comenzar a aplicarla en otras circunstancias de tu vida, como ante un examen, durante una partida de ajedrez, etc.

Observar

Te invito igualmente a ser observador de las emociones. Las emociones también respiran. Fíjate cómo con cada una de ellas lo haces de una manera diferente, por ejemplo, frente a una situación de tensión tu respiración se acelera; sin embargo, ante la alegría, se vuelve más calmada. Si eres consciente de la forma en la que respiras cuando estás sintiendo una emoción desagradable, cambiando la respiración ayudarás a cambiar tu emoción.

Te recomiendo hacer este ejercicio de autoconocimiento emocional. El objetivo es que reflexiones sobre qué tipo de respiración tienes con cada emoción que sientes. De esta forma, cuando estés ante una situación que te genere una emoción y tu respiración comience a cambiar, seas consciente de ello y puedas aplicar las herramientas aprendidas para mitigar o controlar dicha emoción.

Reflexión 7. Respirando las emociones

Emoción	¿Qué respiración tengo?
Tensión.	*Taquicardia, respiración entrecortada y rápida.*

Visualizar

Tratar de visualizar el futuro inmediato es una técnica que te ayuda cuando te encuentres desbordado por una emoción intensa que te bloquea, lo que te hará entrar en un bucle de pensamiento-emoción, nublando todo tu raciocinio y del que no puedes salir. En el momento en que estés desbordado, aunque solo puedas focalizarte en el momento presente, trata de preguntarte: ¿En unos minutos seguiré así?

Haz visualizaciones previas ante la situación temida para practicar en tu mente antes de que ocurra la acción. La visualización es una técnica que consiste en experimentar desde la imaginación una situación que pueda llegar a darse en la vida real. Es importante recalcar que no hace falta que seas una persona muy imaginativa para realizar la visualización.

Si quieres comenzar, lo mejor es hacerlo con estímulos sencillos, como tratar de visualizar la forma de una manzana, el color de la dama de ajedrez. También puedes ir incorporando sonidos, texturas, emociones, para recrear imágenes más vívidas en tu memoria. Cuando te sientas preparado, ¡es el momento de visualizar situaciones de tu vida que quieras practicar!

¿Sabías que hay evidencias científicas de que el cerebro no distingue lo que es real de lo que imaginamos? Esto hace que el poder de la visualización sea tan potente, ya que podemos exponer a nuestro cerebro un sinfín de veces ante un estímulo, una situación, hasta conseguir que se habitúe a él.

Reestructuración cognitiva

Las herramientas que necesitas para comenzar a intervenir en el área cognitiva son las técnicas enfocadas en los pensamientos y creencias. Estas son más complejas que las técnicas fisiológicas, por lo que requieren más tiempo de entrenamiento. El objetivo es trabajar directamente con tu diálogo interno. Dependiendo de la vertiente en psicología, se puede trabajar de diferentes formas.

Una de ellas es mediante la reestructuración cognitiva, es decir, tratando de cambiar los pensamientos y las creencias negativas y sustituirlos por otras más positivas. Por ejemplo, ante la entrega de un trabajo pueden venir pensamientos del tipo «no me va a dar tiempo, soy lo peor, siempre lo dejo para el final». Esta clase de pensamientos lo único que hacen es restarte energía y no dejarte avanzar. Lo que propone esta técnica es, primero, ser consciente de estos pensamientos para después cambiarlos por otros más adaptativos como puede ser «es cierto que voy mal de tiempo, pero voy a tratar de dar el máximo para terminarlo».

¿Eres consciente del modo en el que te hablas? Por mi experiencia, los pensamientos nos suelen pasar inadvertidos en la mayoría de las ocasiones, y no tenemos la dedicación para parar y escucharnos internamente. Te sugiero que realices una actividad para que comiences a ser consciente de tu autodiálogo y cuando detectes un pensamiento negativo hacia tu ser, trates de buscar una mejor forma de hablarte a ti mismo. ¡Este ejercicio te ayudará a quererte mejor y no machacarte tanto en tu día a día y, en especial, ante las adversidades!

Reflexión 8. Aprender a autodialogar

Situación	Autodiálogo automático negativo	Nuevo autodiálogo
No entregar a tiempo el trabajo.	No me va a dar tiempo, soy lo peor, siempre lo dejo para el final.	Es cierto que voy mal de tiempo, pero voy a tratar de dar el máximo para terminarlo.

Mindfulness

Otras ramas de la psicología son las terapias de tercera generación, como el *mindfulness*, que se enfocan en realizar el cambio mediante la observación y la aceptación de estos pensamientos en lugar de luchar contra ellos.

Las emociones y los pensamientos son inevitables, al igual que lo son las jugadas del rival en una partida de ajedrez, pero los movimientos y la gestión que hagamos de ellos, eso sí que depende de nosotros, y es justo ahí donde debemos centrarnos y poner toda la atención para no hacer que se vuelvan nuestros propios rivales.

APRENDIZAJES

1. El primer paso es que aprendas a identificar las emociones y saber describir qué sientes con palabras.
2. ¡Actúa a tiempo! Y evita que el cortisol secuestre tu lóbulo prefrontal.
3. No olvides que cada emoción respira de una forma determinada.
4. Sé consciente de tu autodiálogo interno y actúa sobre él.

10

LAS PIEZAS DEL ADVERSARIO

Siempre he pensado que en cada cabecita de un pequeñajo se encuentra un mundo entero por construir, por lo que irremediablemente se apodera de mí un sentimiento de responsabilidad al tratar de edificar una mínima parte de su terreno cerebral.

Llevo quince años dando clases de ajedrez a menores y aún tengo la sensación de que cada día son ellos los que me iluminan y enseñan cosas nuevas a mí. En mis clases trato de establecer una relación bidireccional de igualdad, alejándome de la estructura clásica profesor-alumno. Con esto consigo que las ideas fluyan y convierto el error en parte del proceso de aprendizaje, donde la empatía es crucial para poder entender todas sus ocurrencias.

La empatía es la capacidad adaptativa que tenemos de meternos en la mente de otra persona, de ser capaces de adoptar su perspectiva y tratar de entender que está sintiendo y pensando, es decir, «ponerse en el pellejo del otro», como coloquialmente se dice. Además, la empatía nos permite establecer una conexión emocional con el prójimo, por lo que somos capaces de experimentar en nuestro propio cuerpo su estado emocional. Por ejemplo, cuando vemos a una persona llorar, esto nos produce un eco de tristeza, al igual que si vemos a una persona reír, nos produce alegría.

Cuando jugamos una partida de ajedrez, realizamos continuamente procesos empáticos debido a que nos tenemos que preguntar en cada movimiento qué jugada está pensando el rival con el objetivo de encontrar la mejor para contestarle. Pero, además, también necesitamos ser empáticos al finalizar la partida, tanto cuando ganamos —evitando festejar la victoria—como cuando perdemos —evitando decir palabras y realizar acciones malsonantes—, pues enfrente se encuentra el oponente, cuyo estado de ánimo será el opuesto al nuestro. ¿Sabías que la ciencia ya ha corroborado esto? El primer estudio fue publicado en el año 2017 en Inglaterra por un grupo de investigación liderado por Powell. Demostraron cómo cuando se juega una partida de ajedrez se activan las mismas áreas cerebrales implicadas en la empatía.

> Cuando jugamos al ajedrez estamos empatizando con nuestro adversario, preguntándonos sobre lo que estará pensando, qué estará sintiendo, si se encuentra nervioso o tranquilo. El ajedrez también nos enseña la importancia de tener una actitud elegante tanto en el ganar como en el perder.

Hace un par de años un ajedrecista andaluz de apenas diez años me dio una de las más bellas lecciones que he vivenciado. Ocurrió durante los campeonatos de España por edades. El joven, llamémosle David, se enfrentaba a Juan, un jugador de Galicia. Se estaba disputando la sexta ronda del campeonato y ambos iban en mitad de la tabla del torneo. Yo me encontraba en la sala cuando todo ocurrió. El silencio reinaba como es costumbre en los torneos de ajedrez, hasta que de pronto se escuchó a Juan parar su reloj, y en el momento en el que este alargó el brazo para estrechar la mano de David en señal de derrota, Juan comenzó a llorar. David se estremeció ante la reacción de su rival, y como si se tratara de un impulso movilizado por la empatía, decidió dar la vuelta a la mesa y abrazar a su adversario para consolarle. Me acerqué sigilosamente para tratar de escuchar lo que David le decía.

—Juan, entiendo la rabia que estás sintiendo por perder la partida, yo he perdido muchas también, pero esta tarde tienes otra nueva y debes estar al cien por cien —le dijo más o menos.

No tengo palabras para describir la escena. Estos dos peques no ganarían el campeonato de España, pero se llevaron una lección que vale más que cualquier triunfo habido y por haber. El oponente, aunque sea nuestro rival durante la partida, es otro ser humano con sus emociones, sentimientos y pensamientos y, por ende, debemos empatizar con él.

El trabajo empático ayuda a autoconocernos y comprendernos mejor a nosotros mismos y al prójimo, es por ello por lo que desarrollar la empatía en los pequeños es crucial, ya que se ha observado como en la adultez las personas empáticas suelen mostrar una predisposición natural para el bienestar emocional, se muestran más seguros de sí mismos y tienen una mejor adaptación a la sociedad, pues son capaces de flexibilizar su mente y adoptar otros puntos de vista aparte del suyo. Por ejemplo, en el ámbito laboral, las capacidades empáticas son necesarias cuando se trabaja en equipo, puesto que todos deben remar hacia la consecución de un objetivo común, y se hace imprescindible comprender y aceptar la existencia de diferentes ideas, tratando de eliminar los posibles prejuicios que puedan existir. También, la empatía es necesaria en los puestos de liderazgo. Una de las características que hacen a un líder exitoso es el carisma, es decir, el preocuparse por sus empleados, valorarlos y generar confianza y seguridad.

> La empatía es la capacidad de conectar emocional y cognitivamente con las personas. Es aprender a escuchar de forma activa, aceptar que cada persona tiene un punto de vista diferente, evitando imponer el nuestro y comprendiendo las reacciones y emociones del prójimo.

La empatía es una conducta adaptativa que vamos adquiriendo a través de vivencias y experiencias. Hay personas más empáticas y otras que tienen menos desarrollada la empatía, pero ¿sabes?, como toda conducta, ¡podemos llegar a entrenarla! ¿Por dónde comenzar?

El primer paso para potenciarla es observar. Deja de centrarte en el lenguaje verbal y pon tu foco atencional en el no verbal, observa las miradas, las expresiones faciales, la postura corporal, la armonía del cuerpo en su conjunto. ¿Sabías que el noventa y tres por ciento de la comunicación es no verbal? Es decir, importa mucho más cómo se dicen las cosas que lo que se dice.

Para empezar a entrenarte en la habilidad de la observación te invito a que mires, sin prejuicios, la posición del tablero.

Ahora me gustaría que tratases de comprender y poner en palabras cómo se puede sentir el rey negro:

—El rey negro se siente…

Intenta extrapolarlo a tu mundo. ¿Hay alguna persona conocida tuya que se esté sintiendo como este rey?

Otro aspecto importante es no juzgar los sentimientos de los otros. Cada uno tiene su propio mundo interno emocional, por lo que antes de criticar trata de prestar atención y entender el porqué de sus acciones y emociones. Te invito de nuevo a que observes la posición del tablero sin prejuicios.

Fíjate cómo la dama blanca está dando jaque —amenaza al rey negro—. El rey negro tiene que salir de esta situación, para ello tiene tres opciones: mover el rey a una casilla, capturar con el alfil la dama o colocar la torre entre el rey y la dama.

Si te das cuenta, estas tres jugadas —mover el rey (huir), tapar (enmascarar el problema) o capturar (eliminar el problema)— son tres acciones que se dan en tu día a día ante situaciones adversas. ¿Cuántas veces has criticado a alguien por huir de un problema, por tratar de enmascararlo o, por el contrario, por enfrentarse a él?

Reflexiona y escribe dos situaciones que te hayan pasado en donde criticaste y negaste las emociones de otra persona y cómo podrías haber actuado mejor.

Reflexión 9. En los zapatos del otro

Movimiento	¿Qué persona estaba implicada?	¿Qué ocurrió?	TU YO DEL PASADO. ¿Cómo fue tu reacción?	TU YO DEL FUTURO. ¿Cómo deberías haber reaccionado?
Reacción de huida (mover el rey)	*Mi amiga de la universidad y un amigo.*	*Un amigo criticó su comportamiento y decidió no volver a venir con mi grupo más.*	*No lo entendí y lo juzgué sin pararme a escuchar y me posicioné de parte de mi amigo.*	*Escuchar a ambas partes y tratar de tener una actitud mediadora.*
Reacción de huida (mover el rey)				
Reacción de enmascarar (tapar el rey)	*Un compañero de trabajo y yo.*	*El compañero me criticó delante de mi jefe por un informe que yo no había hecho bien.*	*Me callé y me comporté como si no hubiera pasado nada, lo que me hacía enmascarar un problema existente.*	*Hablaría con mi compañero para entender por qué se comportó así y tratar de solucionarlo.*
Reacción de enmascarar (tapar el rey)				

Reacción de enfren- tamiento (captura de pieza)	Dos tías mías.	Discutieron porque querían organizar el cumpleaños de mi abuelo y decidieron llegar a un acuerdo.	No entendí la discusión en un primer momento y me aparté de ella, pero me gustó la forma que tuvieron de reaccionar y hablar.	Haber intervenido en el primer momento que apareció la discusión para mediar entre las dos.
Reacción de enfren- tamiento (captura de pieza)				

Interésate también por tu allegado, realiza preguntas en las que se observe que muestras interés por él, trata de centrarte más en las emociones y no en los datos y permite dejar un espacio para que se abra y responda, trabaja y acepta los momentos de silencio. Por ejemplo, ¿qué tal ha ido esta semana?, ¿cómo te encuentras? Asimismo, cuando te responda, trata de parafrasear y reformular su mensaje, de esta forma conseguirás conectar con la emoción que está experimentando.

Por último, te invito a que te pongas una vez todos los días en los «zapatos de alguien», con el objetivo de visualizar el mundo desde sus ojos y entender el porqué de sus comportamientos y reacciones. Si, por ejemplo, un amigo te está contando que le han despedido del trabajo, una respuesta poco empática sería decirle que no pasa nada, ya que el mensaje que te ha trasladado él ha sido emocional y tú estás contestándole desde el plano racional; sin embargo, mirarle a los ojos y que note esa tristeza en ti mediante tu lenguaje no verbal ayudará a producir una conexión emocional para poder comenzar a entablar una conversación.

> Es una experiencia maravillosa tratar de conectar emocional y cognitivamente con una persona ajena, ser capaz de ponerte en sus zapatos y ver qué vida está viviendo.

¿Qué te parece si tratamos de ponerlo en práctica mediante un tablero de ajedrez?

Reflexión 10. Una posición de la vida
Mira esta nueva posición durante unos minutos.

Luego, trata de realizar un símil entre esta posición y alguna situación de tu vida diaria. Pero antes describe a los protagonistas. Para ello, etiqueta y pon nombre a cada una de las piezas que aparecen en el tablero. No es necesario que etiquetes a todas.

El rey	
La dama negra	
El alfil negro	
El caballo negro	
La dama blanca	
La torre blanca	
Los peones	

Después, describe brevemente un espacio y un tiempo en el que se desarrolla la situación:

Espacio	
Tiempo	

Por último, y una vez que ya tengas realizada la escena en tu cabeza, escribe cinco preguntas que le harías a esa persona:

1.	
2.	
3.	
4.	
5.	

¿Qué te ha parecido este ejercicio? El objetivo que persigue este tipo de actividades es realizar una reflexión y poner en palabras alguna situación en donde creas no conectar emocionalmente con una persona o grupo de personas.

Realizar un «ensayo» antes de enfrentarte a la situación «real» te permitirá coger confianza en ti mismo para que cuando llegue el momento, puedas concentrarte en lo que te está comunicando tu oyente, en prestar atención a su lenguaje no verbal y conseguir una conexión emocional más fuerte.

Te animo a romper otra barrera y que te propongas ser cada día un poco más empático. En realidad solo depende de ti. Lo que sí has de saber es que hay un largo camino por recorrer y debes comenzar a evitar comportamientos antiempáticos del tipo:

—Creer que únicamente tú tienes los problemas más graves del mundo, devaluando los de tu prójimo.

—No realizar una escucha activa mientras dialogas con alguien.

—Juzgar las acciones y comportamientos de alguien y realizar comentarios hirientes sobre ellos.

—Realizar acciones humanas de ayuda y colaboración esperando algo a cambio.

APRENDIZAJES

1. La empatía es la capacidad de ponerse en los zapatos del otro.
2. En la comunicación es más importante el cómo se dice que lo que se dice.
3. Aprende a desarrollar la escucha activa cuando hables con alguien.
4. Proponte realizar acciones altruistas sin esperar nada a cambio.

11

APRENDER DEL VACÍO EMOCIONAL EN CADA UNA DE LAS DERROTAS

Cada día aprendo mejor a perder y a ganar. Pero te prometo que ha sido y es una carrera de fondo. He llorado un mar entero, me he dejado los nudillos golpeando la pared de mi habitación, he insultado, he odiado y maldecido a todo ser viviente, pero también he sido feliz, he celebrado, he tenido chutes increíbles de autoestima, de superación personal, de ver el resultado del esfuerzo y la constancia. He querido vivir y morir mil veces en mi vida.

Inevitablemente, cada vez que termino una partida de ajedrez, me viene a la memoria una experiencia con un tono agridulce que viví con apenas ocho años, pero que creó una huella de aprendizaje en mi yo personal. Lo recuerdo a la perfección.

Ocurrió durante un campeonato de Madrid benjamín en las instalaciones de la Federación Madrileña de Ajedrez en Vallecas. Jugaba contra otro niño, Sergio se llamaba. Ambos teníamos un nivel parecido, a veces ganaba uno, otras veces el otro, pero ese día tenía yo una clara ventaja en la posición, me sentía vencedora de la partida, y lo que suponía esa victoria era colocarme en los primeros puestos de la clasificación. Pero de repente, Sergio levantó la mano para que el árbitro se acercara y con su dedo señaló el reloj. ¡No lo podía creer, mi tiempo se había acabado! Fin de la partida. *Game over* para mí. Mi rival ganaba la partida. De golpe, sentí una punzada en mi corazón de desazón, de fracaso, un golpe duro para mi autoestima. Coloqué las piezas, firmé la planilla de mi adversario, me puse mi abrigo y me levanté de mi sitio. Las lágrimas comenzaron a correr por todo mi rostro.

Normalmente era mi padre el que estaba conmigo en los torneos, pero justo ese día él no pudo venir y fue mi madre quien me acompañó. Ella no sabe jugar al ajedrez, por lo que estuvo esperando dos horas en una cafetería mientras yo jugaba. Me vio salir llorando y, con la astuta observación que la caracteriza, contempló cómo solo llevaba mi boli en la mano, y su primera pregunta fue:

—Marieta, ¿dónde tienes la planilla de la partida?

Yo me sentí contrariada. «Estoy llorando y mi madre me pregunta por la planilla, en lugar de qué me pasa, por qué lloro o qué he hecho en la partida», pensé yo. De verdad que había cientos de preguntas que podía hacerme ante tal situación, mi cabeza estallaba… «¿Por qué ahora habla de la dichosa planilla…?». Mi contestación fue seca:

—La tiré a la papelera.

Su cara cambió en un abrir y cerrar de ojos. Se puso seria y la tonalidad de su voz se agravó al unísono:

—¡Entra de nuevo a la sala de juego y coge la planilla de la papelera!

Mi cabecita echaba chispas. ¿Me estaba pidiendo en serio que volviera a la sala de juego, que volviera a ver la cara de Sergio y que delante de cien personas hurgara en la papelera para coger la planilla? Pues sí. Agaché la cabeza y lo hice. Cuando salí de la sala con la planilla en la mano, mi madre prosiguió con sus enseñanzas:

—Y ahora, si de verdad quieres deshacerte de la planilla, la tiras en una papelera de la calle.

Y por supuesto que lo hice.

De regreso a casa en el metro, mi madre razonó conmigo:

—Marieta, entiendo el sentimiento que estás sufriendo, pero el rival no tiene la culpa de ganarte, esto es un juego, a veces se gana y otras se pierde, pero nunca puedes faltarle al respeto a tu adversario de esa manera.

Acto seguido me besó y nos quedamos abrazadas en silencio hasta llegar a casa. Esa noche me metí en la cama triste por la partida, pero ahora, viéndolo con perspectiva, ese día perdí una partida, pero gané una de las lecciones más importantes de mi vida: saber perder en ajedrez y en la vida.

Son muchas las veces que no conseguimos nuestros propósitos, pequeños objetivos cotidianos o metas más grandes por los que hemos estado luchando y trabajando durante tiempo, pero el resultado emocional es el mismo ante ambos «fracasos»: sentimos que nos hemos fallado a nosotros mismos. Este resultado nos produce un sentimiento de frustración, de bloqueo emocional, de baja autovalía, que en muchas ocasiones nos llega a paralizar, haciendo que no veamos el camino para continuar.

Nos han educado en el concepto erróneo del significado de la derrota debido a que siempre aparece asociado a fracaso. Si lo analizamos con detenimiento, esta creencia es muy cruel para nuestra propia valía personal, quizá es el momento de comenzar a cambiar este concepto y ver cómo en cada una de las «derrotas» se esconde un pequeño aprendizaje para la vida. Entender que si hemos fallado es porque en realidad había algún conocimiento en nosotros «incompleto», hará que la atención se focalice en el autocrecimiento, alejando el sentimiento de frustración.

En muchas ocasiones las derrotas, por más que nos pesen, nos obligan a tener que realizar un alto en el camino para reflexionar y tratar de ser conscientes de nuestro conocimiento «incompleto» y acabar vislumbrando el camino para poder seguir mejorando.

Para ello, lo primero que tenemos que hacer es tratar de aceptar la realidad de lo ocurrido por mucho que nos duela. De nada sirve buscar excusas «baratas» para enmascarar el resultado, ya que los pretextos sirven simplemente como tiritas de superficialidad capaces de calmarnos de la frustración y las emociones negativas solo en un corto lapso de tiempo, pero la tirita siempre se acaba despegando y vuelve a florecer el dolor emocional. Es mejor realizar un autoanálisis de lo ocurrido, ver cuáles han sido los factores que pensamos que han funcionado y los que no han funcionado y trazar nuevamente un plan de acción. ¡Recuerda que es importante que el plan esté dentro de tus posibilidades de conseguirlo!

Es mejor ir pasito a pasito construyendo el camino de una manera sólida, que no dar una zancada sobre una base inestable y que te haga caer para no levantarte más.

Para comenzar a transitar por tu nuevo camino, te propongo esta actividad que te hará reflexionar sobre aquellos objetivos que te marcaste en el pasado y ver qué aspectos funcionaron y cuáles no. De esta forma trazarás un nuevo propósito teniendo en cuenta el aprendizaje que obtuviste.

Reflexión 11. Mejorar los objetivos

Objetivo que me propuse	¿Qué cosas han funcionado?	¿Qué cosas no han funcionado?	Reescribo mi nuevo objetivo
Bajar dos kilos en tres meses.	*He conseguido comer más sano y quitarme el alcohol.*	*No he tenido tiempo de apuntarme al gimnasio y hacer deporte.*	*Llevar una vida sana, comiendo sano y siendo activa físicamente (ir al gimnasio dos veces por semana).*

Otro de los puntos clave es poner el foco atencional en el camino andado y no solo en el resultado. Vivimos en un mundo donde se prima el resultado, pasando por alto el proceso que nos ha llevado hasta allí. ¿Has ganado la partida? ¿Has aprobado el examen? ¿Te han seleccionado en el trabajo? Detrás de cada resultado está el camino pedregoso que se ha recorrido, con sus cuestas y sus dificultades, pero también lleno de vegetación y flores, en donde se ha producido un aprendizaje.

Siempre trato de trasladar a mis alumnos la idea de que cuando consiguen una victoria es gracias al trabajo constante que se ha realizado durante meses y no por un «golpe de suerte». He de decir que no creo en la pura suerte. Para mí la SUERTE es CAMINO. Y en ese camino debemos focalizarnos en las cosas que dependen de nosotros y tratar de neutralizar o de no prestar atención a los factores que no dependen de nosotros mismos, ya que no podemos manipularlos ni actuar sobre ellos.

Te entiendo, sé que tu cabeza lo sabía, pero emocionalmente

es difícil de asimilar, pero no puedes dominar todas las variables del mundo, comienza a soltar tu necesidad emocional de controlar lo incontrolable. Este estado psicológico ocurre porque no nos gusta la incertidumbre ni saber cómo el mundo nos va a responder ante cada una de nuestras jugadas en la vida.

> Cuando estás jugando una partida de ajedrez vivencias el sentimiento de incertidumbre constante y aprendes que no hay nada malo en él siempre que sepas manejarlo. El ajedrez te enseña a confiar en tus propias piezas, en tus propios recursos, y a hacerte fuerte para combatir la incertidumbre del vértigo.

Sabes, estoy comenzando a ser consciente de que he estado viviendo en una constante incertidumbre durante veintiséis años cada vez que me he sentado delante de un tablero para jugar una partida de ajedrez. Al hacer un movimiento mi cabeza planifica y divaga sobre el posible movimiento con el que mi rival me va a responder, pero en muchas ocasiones esto no ocurre y me sorprende con otra jugada, lo que, inevitablemente, me obliga a replantearme todo mi esquema de juego casi desde el principio.

Saber vivir con este sentimiento de incertidumbre hace que haya aprendido a gestionar las emociones y a tolerar la frustración. La incertidumbre ocurre cuando nos enfrentamos a una situación sin tener una seguridad clara de lo que va a suceder. Ante ello, es normal que el organismo se active fisiológicamente en señal de alerta, creando síntomas de ansiedad por una preocupación sobre el futuro, pero esta ansiedad continua de anticipación no hará que algo al final no suceda si en realidad tiene que suceder, como ocurre cuando jugamos una partida de ajedrez.

Por otro lado, los expertos definen la frustración como un sentimiento intenso que aparece cuando las expectativas no se cumplen, cuando estudiamos durante muchas horas un examen y lo suspendemos, cuando nos presentamos a un puesto de trabajo y no nos eligen o cuando jugamos una partida de ajedrez y, por un despiste, acabamos perdiendo. Todos estos ejemplos son jaque mate a nuestra autoestima, lo que provoca sentimientos oscuros de frustración. Estos sentimientos existen, pero depende de ti cómo quieras gestionarlos, si tirar el rey y abandonar, o colocar de nuevo las piezas para comenzar una nueva partida.

Respecto a esto último, es importante que sepas que no hay una relación lineal entre esfuerzo y victoria. Muchas veces, por más que te esfuerces, no lograrás alcanzar tu objetivo. Tener en cuenta que existe esta posibilidad es importante en lo psicológico y en la planificación de ti mismo. Por eso siempre es necesario trazar un plan B, C, D y hasta uno Z por si el A no funciona.

LA FALACIA DEL «SI QUIERES, PUEDES»

Me considero una persona optimista y enérgica ante la vida, soy muy perseverante y trato de perseguir los sueños y retos que me propongo, pero soy consciente de que a veces, por mucho esfuerzo que ponga, no llego a cumplirlos. Me he llevado más de un chasco—y los que me quedan aún— y claro que he sentido y sigo sintiendo mucha rabia y frustración ante cada uno de ellos, pero es algo con lo que hay que saber convivir, como acostumbra a decir mi gente, ¡Mery, no siempre se puede ganar!

Y es que vivimos autoengañados con las típicas frases de «si quieres, puedes», «lograrás todo lo que te propongas». Esto no es real, y en bastantes ocasiones estas afirmaciones acaban haciendo más daño que bien a las personas, pintando una realidad que no es la auténtica.

Como he comentado anteriormente, no hay una relación directa entre esfuerzo y victoria, ya que existen muchas otras variables que entran en juego y tenemos que darnos cuenta de ello. Esto no quita que haya que esforzarse, que cuanto más trabajo y dedicación realices, mayores posibilidades de victoria tendrás. Por eso, te animo a tener una actitud proactiva y positiva, marcándote objetivos ambiciosos y retándote a conseguirlos, a comerte la vida cachito a cachito, pero siempre con los pies en el suelo.

Como dijo un día mi profesora de *spinning*, «la peor enfermedad de la vida es no haberla vivido».

Otro punto importante es comenzar a ser responsables de nosotros mismos, mirarnos en el interior y responsabilizarnos del propio cambio, atendiendo y movilizando nuestra energía en los elementos que dependen de uno, y neutralizando aquellos en los que no podemos ejercer ninguna acción.

Recuerdo un campeonato de España por colegios en el que fui contratada como psicóloga-entrenadora de una escuela de Navarra. Antes de llegar tuve algunas reuniones con uno de sus profesores de ajedrez con el fin de tener una visión general de cada uno de los niños y del grupo en conjunto; sin embargo, hasta el primer día de la competición no conocí a los peques en persona, pues vivíamos en ciudades diferentes.

Lo primero que me llamó la atención fue que mi equipo era de los más jóvenes, la media de edad era de ocho años —en la competición podían participar chicos de hasta dieciséis—. En cada uno de los encuentros jugaban cuatro jugadores y como mi grupo estaba conformado por cuatro pequeños, ninguno tenía que estar en el banquillo en ninguna de las siete rondas que duraba el campeonato.

La primera partida del torneo comenzó alrededor de las cinco de la tarde y, a los pocos minutos de ponerse los relojes en marcha, los cuatro tenían una posición perdida. Mi corazón se estremeció, un sentimiento de miedo recorrió todo mi cuerpo y una estruendosa preocupación se apoderó de mi cabeza. ¿Y si pierden todas las partidas? Este era el primer torneo que mis guerreros disputaban fuera de Navarra. Si mi predicción se acababa cumpliendo, ¿con qué actitud iban a regresar a sus casas? ¿Querrían volver a viajar para jugar otro torneo? Y lo que es peor, ¿querrían volver a jugar al ajedrez?

Como se veía venir en este primer encuentro, perdimos todas las partidas. Salieron cabizbajos, pero es que aún nos quedaban seis rondas y tres días por delante de competición. ¡Esto podía vivirse como un siglo o como un abrir y cerrar de ojos! Por suerte, tuvimos un descanso para la merienda antes de que comenzara la segunda ronda, así que decidí cambiar el chip del torneo y desplazar nuestro foco de atención al proceso en lugar de centrarnos en el resultado. Los peques, cada uno con su bocadillo de chorizo, y yo nos reunimos alrededor de una mesa redonda y les comencé a explicar la diferencia entre las cosas que dependen de nosotros y las que no dependen, y la importancia de centrarnos en lo que está en nuestras manos, ya que es lo único que podemos controlar.

Empezamos a poner ejemplos. «Ganar una partida» no depende de nosotros, ya que el rival también juega y, por desgracia, también él quiere ganar. «Padecer dolor de cabeza» tampoco depende de nosotros, porque la sintomatología fisiológica no se puede controlar, sin embargo, lo que sí depende de nosotros es tratar de calmar ese dolor y no prestarle atención.

Una vez que vi que habían entendido el concepto, era el momento de establecer ¡los objetivos para este campeonato! Así que cogí una servilleta de papel y cada peque pensó y escribió un objetivo que dependiera de él en una partida y después pasó la servilleta a su compañero. La servilleta dio unas cuantas vueltas, con su manchurrón de chorizo incluido, y se acabaron estableciendo once objetivos.

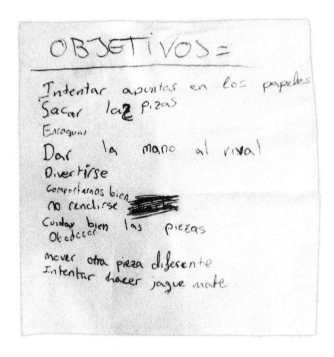

OBJETIVOS =

Intentar apuntar en los papeles
Sacar las piezas
Enrocar
Dar la mano al rival
Divertirse
Comportarnos bien
No rendirse
Cuidar bien las piezas
Obedecer

Mover otra pieza diferente
Intentar hacer jaque mate

Ellos ya eran conscientes, el resultado nos daba igual. ¡Estos eran nuestros once objetivos del torneo! Los cuales iban a cumplir en todas las partidas, pues ellos eran los únicos responsables de poder conseguirlo.

Cuando la segunda ronda iba a comenzar, nos pusimos en corro de pie y cada uno fue leyendo un objetivo para poder recordarlo y que todos lo pudieran aplicar en cada una de sus partidas. Al terminar la ronda, nos juntamos nuevamente en corro y volvimos a leerlos para ver si los habíamos cumplido. ¡Y así fue, los once fueron cumplidos por los cuatro!

La segunda ronda se volvió a perder, pero su actitud fue diferente porque ¡simplemente lo habían intentado! En cada una de las rondas sucesivas repetimos el mismo ritual, leíamos la servilleta, jugábamos y comprobábamos, y ¡hasta decidieron crear un grito de guerra después de leer la servilleta! Al final, el torneo terminó en

un abrir y cerrar de ojos, disfrutaron, conocieron a muchos pequeños de otras ciudades de España y volvieron a sus casas con ganas
de asistir a un nuevo torneo de ajedrez... Y por cierto, ¡consiguieron ganar dos encuentros de los siete!

Tal como los peques lo hicieron en su campeonato, debemos
comenzar a ser personas proactivas, centrarnos en las cosas que
dependen de nosotros para restar importancia a las adversidades
incontrolables y así aminorar la reacción fisiológica. Es importante
que aprendas a parar, hacer una reflexión y empezar a ser consciente de todo aquello que depende de ti y de lo que no.

Ahora te invito a que te pongas cómodo y te permitas cinco
minutos de tu tiempo para realizar esta actividad sobre qué cosas
dependen y no dependen de ti en tu vida diaria. El objetivo de la
actividad es que seas consciente y te focalices en todas las cosas, en
variables que puedes controlar, aprendiendo a soltar los pensamientos y las frustraciones ante los elementos que no están a tu
alcance y, por ende, son incontrolables para ti.

Reflexión 12. Tomar conciencia sobre qué depende y qué no depende de uno

¿Cuál es tu preocupación?	¿Qué cosas dependen de ti?	¿Qué cosas no dependen de ti?	¿Qué hacer para ser más proactivo?
Que mi hijo apruebe todas las asignaturas del curso.	Darle ánimo y apoyo escolar en aquellas asignaturas que no entiende.	Las horas que estudia, el modo en que estudia, el momento de realizar el examen.	Mostrarle mi apoyo incondicional y hacerle entender que estoy aquí para todo lo que él necesite.

Por último, te invito a observar la forma en que te hablas cuando la vida te da jaques inesperados. Te sorprenderás de la facilidad con la que bailas los verbos ser y tener y la capacidad que tienes de generalizar un hecho a toda tu vida: «Qué tonta soy, he suspendido un examen, no valgo para nada». O que te parece esta otra: «Me olvidé las llaves, soy un desastre». O esta: «He perdido la partida, nunca consigo ganar». Todas estas verbalizaciones son pequeñas gotas que van conformando un charco psicológico en tu mente, generando unas autocreencias que son irreales, pero este runrún constante en tu cabeza hace que te las llegues a creer y, por ende, acabes actuando como ellas dictan.

APRENDIZAJES

1. Recuerda que en cada una de tus derrotas hay un aprendizaje.
2. Acepta tu propia derrota sin buscar excusas externas.
3. Focaliza tu atención en el proceso y no en el resultado.
4. Moviliza toda tu energía en las variables que dependen de ti.

12

El arte de hacer añicos la burbuja de cristal

i niña valiente. Este es el modo con el que mis padres acostumbran a colgarme el teléfono cada vez que hablamos. Valiente viene de la palabra latina *valentis*, que significa 'fuerte, robusto, que no tiene miedo', pero he de confesarte que a veces tengo miedo, mucho miedo. Una energía de preocupación, de angustia, de inseguridad se apoderan de mi cabeza cuando realizo una jugada arriesgada en una partida, cuando me inicio en un nuevo proyecto, cuando me subo en un escenario para dar una conferencia, cuando diviso un jaque inesperado... Sí, quizá no soy tan valiente como ellos piensan, pero lo que si me considero es una guerrera.

Trato de luchar contra ese maldito miedo que me recorre el cuerpo ante tales situaciones y hago que no se apodere de mi ser y me gane la partida, quiero ser yo quien lo haga. Ser guerrera no viene de fábrica, los guerreros se crean a base de derrotas y aprendizajes. Desde pequeña he aprendido a perder. Fui y sigo siendo la única responsable de cada una de mis derrotas. Te aseguro que es muy duro asumir con cinco años que el rival que tienes enfrente te ha ganado a un deporte intelectual, que tienes que alargar la mano y felicitarle por haberte ganado, pero no me ha quedado más remedio que acostumbrarme al sentimiento de frustración que me invade ante cada jaque mate que recibo.

La frustración es un estado psicológico que se produce cuando las expectativas no se ven cumplidas, chocan contra la cruda realidad. Cuando esto ocurre, nos invade una emoción desagradable, nos sentimos desanimados, frustrados y con ánimo de tirar la toalla. Sin embargo, considero que la habilidad de tolerar la frustración es lo que diferencia a un auténtico guerrero del que solo lo intenta.

> La tolerancia a la frustración es la capacidad de saber gestionar de una manera funcional las emociones, aprendiendo a ser capaz de anteponerte a los tropiezos que tienes en la vida y remontar ante aquellos momentos en los que tus expectativas no se han cumplido. En definitiva, es la habilidad del caer, saberse quitar el barro y seguir caminando.

Esta habilidad se ve influida por el temperamento y el carácter —hay personas más sensibles y otras más tolerantes—, la educación recibida —educación en inteligencia emocional— y el aprendizaje y la práctica —exposición a situaciones de reto—.

Los bebés tienen una escasa, casi nula, tolerancia a la frustración, pues sus deseos se equiparan con sus necesidades fisiológicas —alimentación, dormir, estar siempre acompañados—. Entre los tres y los seis años el desarrollo emocional comienza a tener un papel importante en su evolución, se descubren a ellos mismos y al mundo que los rodea. Empiezan a aprender que no son el ombligo del mundo y que en muchas ocasiones no consiguen lo que ellos quieren. Este es un momento evolutivo clave para iniciarlos en la habilidad de la tolerancia a la frustración, enseñándoles que no todo es posible, en definitiva, enseñándoles a perder.

EDUCAR EN BURBUJAS DE CRISTAL

Como te conté en el primer bloque del libro, durante mis primeros años de doctorado en el hospital acostumbraba a estar en la consulta de Hilario, mi tutor de tesis. Allí siempre había un tablero de ajedrez sobre la mesa y solíamos interactuar con él o jugar una partida con los pacientes mientras los atendíamos.

En una de esas típicas consultas estaba jugando con un niño que rondaría los seis años. Lo cierto es que lo estábamos pasando muy bien, capturábamos cada uno las piezas del otro, yo le enseñaba algunos trucos para que tuviera en cuenta, ¡hasta él me daba consejos a mí! De pronto su madre nos interrumpió, me miró y, mientras acariciaba cariñosamente el pelo de su hijo, me dijo:

—Déjale ganar, que es muy pequeño.

Se hizo el silencio y continuamos la partida donde la habíamos dejado. En ese instante Hilario comenzó a tratar el tema de la sobreprotección de la madre hacia el peque.

Es crucial que este aprendizaje se mantenga en el tiempo para que cuando llegue la adultez, los niños puedan disponer en sus mochilas de vida de las herramientas suficientes para salir adelante ante un problema o un contratiempo inesperado. Por el contrario, cuando una persona tiene baja o nula tolerancia a la frustración, suele mostrar poca paciencia, su comportamiento es impulsivo, padeciendo, en muchas ocasiones, un descontrol emocional fuerte, y todo ello acompañado de una actitud egocéntrica, exigente y poco atrevida para enfrentarse a nuevos retos.

Una forma de educar en la habilidad de la tolerancia a la frustración es hablar en el plano emocional con el objetivo de aprender a identificar las propias emociones, por ejemplo, ¿qué sientes cuando estás contento? ¿Y cuando estás triste? Te invito a que reflexiones sobre lo que sientes cuando experimentas las seis emociones básicas. Ello te ayudará a adentrarte en tu plano emocional, comprendiendo y poniendo en palabras tu mundo emocional. Así en el futuro, cuando experimentes estas emociones, sabrás etiquetar lo que estás vivenciando.

Reflexión 13. Poner en palabras las emociones

Emoción	¿Qué reacciones fisiológicas te producen?	¿Qué pensamientos te producen?	¿Cuándo fue la última vez que lo vivenciaste?
Alegría	Cosquilleo en el estómago, risas, relajación.	Optimismo, euforia, me autohablo mejor.	Ayer mientras salía a correr con mis compañeros.
Alegría			
Tristeza			
Sorpresa			
Miedo			
Angustia			

También es importante normalizar la derrota como una fase del aprendizaje, ¡los pequeños tienen que equivocarse, fallar, perder y aprender a perder!

En psicología solemos utilizar una técnica llamada modelado, que consiste en aprender una conducta mediante la observación e imitación del comportamiento de otra persona. El mecanismo es sencillo. Se observa cómo el modelo realiza una tarea y acto seguido tratamos de hacerla nosotros. Por ejemplo, cuando estamos aprendiendo ajedrez, el maestro nos enseña cómo se mueve el alfil desplazándolo por las diagonales del tablero y después nosotros lo sostenemos con los dedos y comenzamos a realizar el mismo movimiento.

En mi experiencia profesional me gusta mezclar el trabajo psicológico de la técnica del modelado con la búsqueda de referentes y figuras potencialmente inspiradoras para mis deportistas o pacientes. Estas dos herramientas se basan en el principio de la imitación, que es un elemento crucial para la adquisición o modificación de conductas, sobre todo en la infancia. ¿Quién no ha crecido admirando a un cantante, a un actor o a un deportista y ha tratado de imitarle en sus andares, vestimentas o comportamientos? Los referentes son un anclaje importante en el aprendizaje de cualquier materia.

La técnica de modelado te permite adquirir y modificar conocimientos, mientras que los referentes son la gasolina, la inspiración, la llama motivacional que te lleva a superarte fijándote en sus éxitos, pero ¿y en sus fracasos? Es justamente en esta pregunta donde nace una de las tópicas creencias que todo ser humano posee. El éxito nos gusta, nos excita y erróneamente fabulamos que aquellas personas que lo consiguen es que simplemente han tenido suerte, sin embargo, ¿sabrías contabilizar la cantidad de horas, de fallos, de desánimo, de lágrimas, de superación, que se esconden detrás de SU SUERTE?

Una actividad que suelo realizar con mis pacientes cuando se encuentran atascados en una mala racha y los planes se les tuercen es hacerles entender que no son los primeros ni los últimos en perder contra un rival peor, en suspender un examen, en ser rechazados por un amigo, una pareja, en definitiva, en fracasar en algo que para ellos es importante. Siempre nos fijamos en las personas exitosas cuando están en la cima de sus carreras, las admiramos por lo que han llegado a conseguir, lo que son, pero, como hemos dicho, la vida es un camino pedregoso y para llegar hasta allí arriba, a la cumbre, han tenido que sufrir muchos tropiezos por el camino andado.

Te propongo que cojas a uno de tus máximos referentes y empieces a leer su biografía prestando atención a los momentos de su carrera profesional en los que la suerte no estaba a su favor. ¡Te aseguro que te quedarás anonadado al vislumbrar que él, tu referente, tu ídolo que todo lo puede, también falla! ¡Es que es un humano como tú!

> Un aprendizaje crucial para entender cómo sobreponerse a la frustración de la derrota es observar el camino que han recorrido tus máximos referentes hasta que han conseguido sus triunfos. De ese camino aprenderás el valor de la constancia y la perseverancia, que los tropiezos forman parte de la aventura de vivir y que la suerte, en realidad, apenas existe.

En ajedrez tenemos un *ranking*, llamado Elo, que es un número que indica la fuerza ajedrecista de cada jugador. El Elo sube o baja de puntuación en cada partida oficial disputada en función de una ecuación matemática que tiene en cuenta el resultado de la partida y el Elo del rival. Esto hace que podamos observar de una manera clara y objetiva la progresión de un ajedrecista.

¿Qué te parece si analizamos la progresión de David Antón Guijarro, uno de los mejores jugadores de España y referente para muchos de nosotros? Su palmarés cuenta con un subcampeonato del mundo sub18 en 2013 y uno de Europa absoluto en el 2014, aparte de coronarse campeón de España en numerosas ocasiones.

La gráfica siguiente muestra la progresión de su carrera ajedrecista desde 2005 hasta 2021. Para poder entender la gráfica, fíjate cómo en la parte inferior, en el eje horizontal, aparecen los meses y años; y en el lado izquierdo, en el eje vertical, aparece el *ranking* de ajedrez, el Elo.

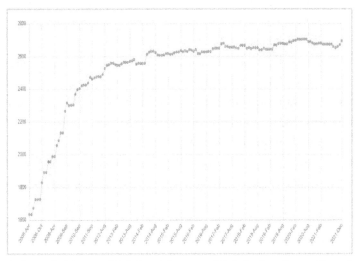

Gráfica sacada de la página de la Federación Internacional de Ajedrez https://ratings.fide.com/.

¿Qué ves en la gráfica? Fíjate que David comenzó con un Elo de 1600 aproximadamente y fue subiéndolo poco a poco durante todos estos años, pero observa con más detenimiento. ¡David tuvo parones de Elo durante algún tiempo hasta alcanzar su máximo *ranking*, pero es que también tuvo bajones en el Elo! David, el indestructible, el mago del tablero, ¿es que acaso también pierde?

Podemos ver otros casos de aprendizaje del fracaso, de la tolerancia a la frustración y de la lucha y el resurgir en otras celebridades. Por ejemplo, ¿sabías que J. K. Rowling, la autora de los libros de Harry Potter, no tuvo una buena carrera profesional en periodismo o que Walt Disney fue despedido como periodista por falta de imaginación y de ideas innovadoras? ¿Sabías que Thomas Alva Edison tuvo que realizar más de mil intentos hasta que inventó la bombilla? Todas estas personas consiguieron sobreponerse a su frustración y resurgieron de las cenizas de sus propios fracasos para comenzar una nueva partida desde cero en la posición, pero eso sí, con un nuevo aprendizaje en sus cabezas.

Otro *tip* para aprender a superar la frustración de la derrota es la necesidad de poner el foco de atención en el proceso y no en el resultado, educar en el valor de la constancia y la perseverancia para conseguir los objetivos. Para ello es fundamental instruir en el juego o hacer que nos involucremos en actividades en las que la recompensa no sea inmediata, sino que esté dentro de un proceso para obtenerla.

Se ha demostrado cómo educar en la demora de la gratificación permite un mayor desarrollo de la responsabilidad, del autocontrol y la autogestión, debido a que esto hace que nos sintamos dueños de nuestra conducta, siendo capaces de controlar los propios impulsos, inhibiendo la obtención de una recompensa actual mediocre a favor de poder trazar un plan estratégico y ajustar nuestra conducta para conseguir un mayor beneficio en el futuro.

Cuando jugamos una partida de ajedrez aprendemos el valor de la demora de la gratificación. Tenemos que ir pasito a pasito, cosechando pequeñas ventajas hasta, finalmente, conseguir la mayor: el jaque mate. Sin embargo, en muchas ocasiones elegimos rechazar una ventaja inmediata pero pequeña —ganar un peón— a favor de una más grande a largo plazo, por ejemplo, obtener una mejor posición pero igualados de material.

Recuerda que vivimos en los tiempos de la inmediatez —si quieres algo, lo tienes— y esto hace que reme a contracorriente tuya, así que ¡te tocará bogar con más intensidad!

¡Te animo a convertirte en un peón de ajedrez!

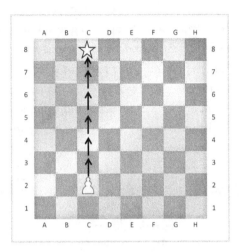

¿Sabías que los peones tienen una cualidad mágica llamada coronación, que al llegar a la fila octava se pueden convertir en cualquier otra pieza del ajedrez menos en el rey?

Fíjate la paciencia que tiene un peón para esquivar gran cantidad de obstáculos y dificultades que les pone su oponente hasta conseguir llegar al otro lado del tablero. Pero la recompensa ¡vale oro!

Es importante marcarse un objetivo final, una meta a largo plazo, para que nuestro camino esté orientado hacia una dirección, pero es cierto que este propósito lo vislumbramos muy lejos de nosotros en el momento presente y esto puede hacer que nos desgastemos, no le encontremos el sentido y acabemos abandonándolo. Para evitar este estado psicológico es crucial marcarse objetivos a corto plazo, pequeñas andaduras que te vayan indicando que vas por el camino correcto para la coronación de tu peón y, por ende, la consecución de tu objetivo final.

Cuando traces el plan de tus movimientos de peón es importante:

1. Definir bien cada uno de los movimientos que vas a realizar. Para ello, te propongo que apliques la técnica SMART. Es un método que te ayudará a concretar y definir bien los objetivos para que puedas movilizar todas tus energías y acciones en la consecución de los mismos. SMART es un acrónimo en inglés y cada una de las letras hace referencia a las características que debe tener una meta:

SMART	Definición	Ejemplo
Specific	**Específico.** Tiene que estar definido según un aspecto, una tarea o una acción determinada.	*Quiero perder seis kilos.*
Measurable	**Medible.** Debe tener una medida específica.	*Voy a bajar cada mes dos kilos.*
Achievable	**Alcanzable.** Tiene que suponer un reto, que te haga esforzarte, pero que sea posible llegar a él.	*Dos kilos al mes es exigente, pero realista.*
Relevant	**Relevante.** Tiene que ser un objetivo importante para ti.	*Noto que estoy gorda y quiero sentirme bien conmigo misma.*
Time-bound	**Temporal.** Tiene que estar delimitado en el tiempo.	*En tres meses.*

2. Analizar qué dificultades te puedes encontrar por el camino con el objetivo de anticiparte a ellas.
3. Reflexionar sobre qué herramientas tienes para superar las dificultades surgidas en el apartado 2.
4. Pensar una recompensa social o material cada vez que consigas avanzar una casilla en tu camino.

¿Qué te parece si te conviertes ahora en un peón? Te propongo esta actividad para que comiences a trazar tus movimientos por cada una de las casillas hasta que alcances la final, la casilla de coronación, y llegues a conseguir tu objetivo final, el más deseado.

Reflexión 14. Convertirse en un peón

Para comenzar, trata de responder a esta afirmación: «Soy un peón y mi objetivo final va a ser...». Escribe la respuesta en dos líneas.

_____

_____

Por ejemplo, un objetivo puede ser aprobar el primer curso de la carrera de Medicina. A continuación, traza un plan escalonado con seis movimientos, analizando en cada uno de ellos las dificultades que puedes encontrar y cómo las vas a poder superar. Además, piensa de qué forma te recompensarás cuando lo hayas conseguido.

Movimientos	¿Cómo va a ser?	¿Qué dificultades te puedes encontrar?	¿Cómo superar las dificultades?	¿Qué recompensa te vas a dar?
Mi primer movimiento	Voy a comprar los libros que me digan los profesores y a bajarme los apuntes de internet.	Puede ser que no tenga suficiente dinero para comprar todos los libros.	Iré a la biblioteca y leeré los manuales allí y haré un resumen de cada uno de ellos.	Si realizo esto de manera constante, me iré un finde de vacaciones con mis amigos.
Mi primer movimiento				

Mi segundo movimiento			
Mi tercer movimiento			
Mi cuarto movimiento			
Mi quinto movimiento			
Mi sexto movimiento			
¡Y *voilà*! Tu peón coronó y conseguiste tu objetivo final			

Por último, aprende a flexibilizar tus hábitos de pensamiento, a arriesgarte y a salir de tu zona de confort. Es curioso observar la evolución del atrevimiento, los miedos y la percepción del fracaso desde que nacemos hasta la vejez. Los jóvenes suelen ser atrevidos, les gusta experimentar, no le tienen miedo al fracaso, a la palabra no; sin embargo, cuando vamos cumpliendo años, se apoderan de nosotros inseguridades que hacen que mengüe el espíritu de atrevimiento y nos quedemos en nuestra casilla de seguridad, en la que nos sentimos seguros y todo es predecible. ¿Te suena?

Te invito a romper tu «casilla de seguridad» y a salir de tu zona de confort para atreverte a descubrir mundo. La explicación es sencilla: si siempre realizas las mismas jugadas, haces los mismos planes de vida, te juntas con la misma gente, te enfrentas con los mismos adversarios, te estás privando de la posibilidad de crecer tanto en lo personal como en lo profesional. Claro que vivir en tu zona de confort es sencillo y agradable, pues activas el botón de piloto automático y te dejas arrastrar por la inercia de las jugadas de tu adversario; sin embargo, bien sabes que esto acaba resultando poco estimulante y con poca proyección vital para tu yo del futuro, lo que puede acarrear que con el tiempo te invada un vacío emocional, síntomas depresivos y una apatía general hacia la vida.

Detente un momento y ahora dime: ¿qué te está atando en esta zona de confort? Estoy segura de que en muchas ocasiones ha ardido una llama dentro de ti para atreverte a dar un paso en firme, ser valiente y coger el timón, pero en el último instante una vocecita te ha dicho: «Mejor sigue haciendo las mismas jugadas». Es normal sentir vértigo y miedo, como en un salto al vacío. Cuando te planteas salir de tus esquemas diarios y te atreves a hacer otras jugadas distintas, la ansiedad te corroe y, es cierto, ¡hay que tener mucho valor! Salir de lo habitual te generará incertidumbre, pero te puedo asegurar que lo que vas a encontrar tras ese movimiento es un nuevo rumbo en tu partida de vida.

SALTA FUERA DE LA ZONA DE CONFORT, ¡PERO CON PARACAÍDAS!

Es cierto que soy muy partidaria de descubrir nuevos mundos y animar a la gente a que trate de salir de su zona de confort para evitar que se quede acomodada en su casilla segura. Sin embargo, debes ser consciente de que dejarte impulsar por el populismo de la frase «atrévete a salir de la zona de confort» sin analizar cautelosamente los riesgos y los beneficios que ello conlleva puede que te haga precipitarte a realizar una jugada de la que, en un futuro, te acabes arrepintiendo. Además, es importante que no te obsesiones con la idea de que es obligatorio salir de tu casilla segura, ya que ¡ahí también se está bien! Esta casilla te produce calma y confort, permitiéndote descansar y recobrar energías.

Te quiero trasladar también la idea de que no es necesario estar brincando de casilla en casilla continuamente para tratar de salir de la zona de confort. ¡Crece, cárgate de energía y, cuando te veas preparado, SALTA!

Lo primero que observarás será un cambio en ti mismo, ganarás autoconfianza y te sentirás más empoderado. Fallarás y te caerás, pero ya tendrás herramientas suficientes para levantarte y seguir caminando.

Ahora el miedo a lo desconocido no te inmovilizará, se transformará en tus ojos en el epígrafe de un «futuro incierto» y cambiarás tu actitud ante las adversidades. Además, aprenderás nuevas habilidades psicológicas y emocionales que incorporarás a tu mochila de vida, ganarás una gran riqueza social y cultural, y sabrás ver el mañana desde otra mirada. Todo ello te ayudará a ser más resiliente, a crecerte ante los infortunios, ante los jaques de la vida, y serás capaz de adaptarte a las nuevas situaciones de una manera funcional, lo que irremediablemente hará que tus niveles de felicidad aumenten, produciendo un sentimiento de paz, respeto y amor hacia ti mismo.

¡Venga! Atrévete a sentarte delante de tu tablero de vida y realiza tu primer movimiento para arrancar una nueva partida única que te haga salir de tu zona de confort. Las primeras jugadas no son fáciles, por eso lee con detenimiento estos consejos de apertura.

Encuentra el sentido de por qué comenzar
esta nueva partida

Detente a reflexionar sobre qué te ha movido para querer desafiar a tu rutina. Te propongo la siguiente actividad para que inicies tu introspección.

Reflexión 15. Encontrar el sentido de la partida

¿Qué aspectos quiero cambiar?	¿Qué quiero conseguir con el cambio?
Quiero cambiar de trabajo.	*Me gustaría tener mayor libertad horaria y no tanta responsabilidad.*

Flexibiliza tu mente y acepta nuevos retos que te proponga la vida

Arriésgate a experimentar lo desconocido y enfréntate a tus miedos. En la siguiente actividad te invito a tratar de ver qué es lo que te está bloqueando para no realizar tu cambio.

Reflexión 16. Los miedos y la lucha

¿Qué jugadas me dan miedo?	¿Cómo me voy a enfrentar a ellas?
Dejar el trabajo y no encontrar uno nuevo.	*Antes de dejar el trabajo en el que estoy, voy a mirar qué ofertas hay y me dedicaré las próximas semanas a realizar una búsqueda exhaustiva.*

*Tu fuerza de voluntad impulsará a tus piezas por el
tablero de ajedrez*

Sin embargo, tus excusas solo harán que estas se queden rezagadas. Sé consciente de aquellos pretextos que se apoderan de ti para darles jaque mate.

En la siguiente actividad te invito a que escribas las excusas que te acompañan constantemente y te hacen restar fuerzas para dar ese salto a una nueva casilla.

Reflexión 17. Las excusas favoritas

¿Qué excusas me suelo decir?	¿En qué situación se producen?	¿Qué conducta y sentimientos me provoca esta excusa?
Solo valgo para este trabajo, es arriesgarme demasiado.	*Cuando miro otras ofertas de trabajo y pienso que nunca me van a coger.*	*Me provocan que nunca me atreva a aplicar a una entrevista de trabajo y me quede dubitativo sobre qué hacer con mi vida.*

*La confianza en ti mismo hará que vayas encontrando
las mejores jugadas a lo largo de tu partida*

Bien sabes a estas alturas que el camino es largo, pedregoso, y que habrá jaques inesperados, pero esta creencia leal en ti hará que seas capaz de anteponerte a ellos sin perder de vista tu objetivo.

Por último, te invito a realizar esta reflexión sobre las posibles dificultades que te puedan ir surgiendo durante el camino y cómo puedes combatirlas para acercarte cada vez más a la consecución de tu propósito.

Reflexión 18. Herramientas ante los jaques de la vida

¿Qué jaques puedo encontrar?	¿Qué herramienta utilizaré para sobrepasarlo?	¿Qué dosis de confianza obtendré?
Que en las primeras entrevistas no sea seleccionado.	*Aprenderé a hacer entrevistas para saber cómo comportarme y qué decir en ellas.*	*Iré ganando en preparación para enfrentarme a la siguiente entrevista.*

APRENDIZAJES

1. Una mayor tolerancia a la frustración te permite ser más proactivo en la búsqueda de soluciones.
2. Saber demorar la gratificación te ayudará a tener un mayor control y autogestión de ti mismo.
3. Los errores y fallos también son parte de la partida que vas forjando, y tras ellos se encuentra el verdadero aprendizaje para continuar.
4. Atreverse a salir de la zona de confort te abre la puerta a un mundo lleno de posibilidades, en el que se producirá una explosión de crecimiento personal y profesional.

13

LA ELECCIÓN DE IR DESENMARAÑANDO EL CAMINO

El ajedrez es infinito y cada partida es única e irrepetible. Los jugadores son artistas creando una obra de arte con tan solo sus pensamientos. Al comenzar una partida, el jugador que va con las piezas blancas —que es el que inicia el juego— tiene veinte posibles movimientos distintos; así ocurre con el jugador de las piezas negras, que dispone también de veinte movimientos para responder a su contrincante.

Después de que cada bando realice su primera jugada, existen cuatrocientas posiciones posibles para jugar. Tras el segundo turno de ambos el número crece exponencialmente a ciento noventa y siete mil setecientas cuarenta y dos partidas posibles, y después del tercer turno se llega a ciento veintiún millones de partidas. Diez turnos más tarde, se llega a la cifra de ciento sesenta y cinco cuatrillones y medio. Si seguimos avanzando, la cantidad de partidas diferentes que pueden jugarse es mayor que un uno seguido de cien mil ceros. ¿Sabías que este número supera a todos los átomos existentes en el universo? Me reafirmo: el ajedrez es infinito y entre toda esa maraña de infinitud debemos elegir, en cada movimiento, aquella que parezca la jugada perfecta, la más exitosa, consiguiendo dar un pequeño salto hacia delante para acabar venciendo a nuestro rival. ¿Y acaso esto no es la vida?

Decisiones, alternativas, bifurcación de caminos, aciertos, errores, encontronazos, divergencias…, y sin ser conscientes de ello, vamos construyendo cada una de nuestras vidas con las pequeñas decisiones que tomamos todos los días. Muchas de ellas insignificantes, ¿café solo o con leche?, ¿mover el alfil o el caballo? Algunas impregnadas con un tinte más emocional, ¿le digo que sí?, ¿le doy jaque?; y otras con un tinte más racional, ¿voy por ciencias o letras?, ¿ataco su alfil o defiendo mi caballo? Todas tan distintas y variopintas, pero que acaban coincidiendo en un elemento en común: siempre las tratamos de responder con nuestra mejor jugada.

Cuando estamos jugando una partida de ajedrez utilizamos en cada jugada un método automático de pensamiento y razonamiento que nos permite tratar de encontrar la mejor ante cada posición. Este método llamado hipotético-deductivo es el que utilizan los científicos para comprobar sus hipótesis de trabajo, es decir, gracias a él la ciencia avanza hacia un sentido u otro. El método se basa en un ciclo de pensamiento inductivo-deductivo-inductivo en donde el objetivo es plantear hipótesis sobre un fenómeno para posteriormente comprobar o refutar dichas hipótesis y llegar a una conclusión final. ¿Te has planteado cómo poder utilizar el método hipotético-deductivo para tomar aquellas decisiones que son relevantes en tu día a día?

> Desde el primer minuto en que empieza una partida de ajedrez estás tomando decisiones sin parar, algunas más relevantes, otras más insignificantes, pero en todas ellas analizas los riesgos y beneficios para, finalmente, hacer el movimiento que piensas que es el perfecto.

¡Fíjate! El método hipotético-deductivo sigue cuatro fases. La primera es la EXPLORATORIA, en la que observas el problema de una manera objetiva. En una partida de ajedrez es la fase de «diagnóstico», es decir, en la que tratas de entender la posición y realizas una evaluación en función de algunos parámetros —material, seguridad del rey, dinamismo, entre otros— para saber quién tiene una posición favorable y tratar de encontrar cuál es la amenaza que te propone tu rival.

Vamos a extrapolarlo a tu día a día. Por ejemplo, tu jefe te quiere echar de tu puesto de trabajo porque comenta que no rindes tanto como él quisiera. Esto te afecta en lo emocional, lo que genera en ti una preocupación sobre tu futuro incierto. En esta primera fase exploratoria debes observar el problema de una manera objetiva, analizar todos los elementos que están influyendo en él y poder delimitar cuál es la amenaza de la situación.

Posición (contexto)	*Llevo cinco años trabajando para una pequeña empresa familiar.*
Amenaza del rival	*Mi jefe me quiere echar de la empresa.*
Razón	*Porque dice que no rindo en mi puesto de trabajo y quiere a otra persona.*
Emoción	*Me siento triste y angustiada porque iré al paro y no tendré para vivir.*

La segunda fase es aquella en la que creas una HIPÓTESIS para explicar dicho fenómeno. En una partida de ajedrez es en la que piensas sobre diferentes jugadas posibles que puedes realizar en una posición —lo llamamos jugadas candidatas— para tratar de responder a la potencial amenaza de tu rival.

Si seguimos con nuestro caso práctico del jefe y el despido, en esta fase debes buscar las diferentes soluciones ante la amenaza, que es el despido.

Lista de soluciones candidatas al despido

Aceptarlo y comenzar a buscar un nuevo trabajo.
Hablar con mi jefe y decirle que voy a intentar cambiar.
Hacer como si no supiera nada y trabajar muchas horas extras.
No hacer nada y esperar a ver cómo discurre todo.

La tercera fase es en la que DEDUCES LAS CONSECUEN-CIAS de cada una de tus hipótesis. En una partida de ajedrez sería la fase en la que razonas las consecuencias de tus diferentes jugadas candidatas, atendiendo a las posibles respuestas de tu rival y profundizando sobre ellas para tomar una decisión.

En nuestro caso, sería el momento de elucidar las consecuencias prácticas y emocionales de cada una de las decisiones candidatas.

Soluciones candidatas	Consecuencia práctica	Consecuencia emocional
Aceptar y comenzar a buscar un nuevo trabajo.	*Ir al paro y tener que buscar un nuevo trabajo, pero permite abrir nuevas posibilidades.*	*Incertidumbre, inquietud, liberación emocional.*
Hablar con mi jefe y decirle que voy a intentar cambiar.	*Tratar de mantener mi puesto de trabajo.*	*Desconcierto, esperanza.*
Hacer como si no supiera nada y trabajar muchas horas extras.	*Tratar de mantener mi puesto de trabajo.*	*Irritación, desasosiego, estrés, tristeza.*
No hacer nada y esperar a ver cómo discurre todo.	*Tratar de mantener mi puesto de trabajo.*	*Intranquilidad, estrés, incertidumbre, nerviosismo.*

La última fase es de COMPROBACIÓN DE LA HIPÓTE-SIS en la que, una vez elegida una opción y realizada, se compara la DECISIÓN TOMADA con la experiencia. En una partida de ajedrez se correspondería al momento en el que se hace la jugada, y tu rival responde ante ella y puedes comprobar si ha sido correcta o no.

En nuestro caso práctico, se correspondería al momento en el que has elegido entre las cuatro soluciones candidatas una opción y, con el paso del tiempo, realizas una valoración sobre si fue acertada o no dicha decisión. Por ejemplo, si finalmente eliges la opción «Aceptar y comenzar a buscar un nuevo trabajo», puedes realizar una valoración así:

¿Qué beneficios me ha producido tomar esta decisión?	¿Qué consecuencias negativas me ha producido tomar esta decisión?	¿Cómo me encuentro emocionalmente?
He tenido la posibilidad de encontrar un nuevo trabajo.	*Ya no estoy con mis compañeros. Me ha dado pena porque me encontraba a gusto en la empresa.*	*Al principio estaba atormentada y con ansiedad e incertidumbre, pero ahora me encuentro en paz y tranquila.*

¡Es tu turno! Te propongo que hagas una reflexión y apliques el método hipotético-deductivo a alguna decisión en tu vida.

Reflexión 19. Aplicar el método hipotético-deductivo en la vida

Fase exploratoria	
Posición (contexto)	
Amenaza del rival	
Razón	
Emoción	

Fase de creación de hipótesis

1.	
2.	
3.	
4.	

Fase de deducción de consecuencias

Soluciones candidatas	Consecuencia práctica	Consecuencia emocional
1.		
2.		
3.		
4.		

Fase de comprobación de hipótesis

¿Qué beneficios me ha producido tomar esta decisión?	¿Qué consecuencias negativas me ha producido tomar esta decisión?	¿Cómo me encuentro emocionalmente?

Como has podido observar y experimentar, cuando tomas decisiones en tu vida estas se encuentran impregnadas y motivadas para ser realizadas desde el impulso del corazón, lo emocional, pero también desde la cabeza, lo racional. Este equilibrio entre ambas, emoción-racionalización, cambia dependiendo de muchas variables: de la persona en cuestión, del momento en el que se esté tomando, de la situación y, lo que es más importante, de la propia decisión.

¿Te has parado alguna vez a reflexionar sobre las jugadas que has ido realizando en tu vida? Es bonito echar la vista atrás, pensar en ellas y tratar de darles una respuesta.

Reflexión 20. ¿Qué jugadas se han realizado en la vida?

Piensa en una jugada en tu vida que...	¿Qué jugada fue?
Haya sido la mejor (mejor decisión)	
Aquella de la que te has arrepentido	
Aquella que alguien realizó por ti	
Aquella que, finalmente, no llegaste a hacer	
Aquella insignificante que realizaste, pero que acabó siendo un triunfo	
La última que has realizado	

APRENDIZAJES

1. Con las decisiones que tomas vas construyendo el futuro.
2. Aprender a aplicar el método hipotético-deductivo en la toma de decisiones para tratar de elegir la mejor jugada.
3. La toma de decisiones es un proceso que requiere un equilibrio entre lo emocional y lo racional.
4. Jugar al ajedrez ayuda a entrenar la habilidad de tomar decisiones en cada uno de los momentos de la vida.

14

LA RESOLUCIÓN
DE LAS MIL Y UNA BATALLAS

Mi familia fue la primera escuela a la que asistí. Desde aquel soleado martes en el que nací, me ha acompañado en mi trayectoria de vida, ha sido mi modelo y me ha enseñado a caminar con paso firme, manteniendo la cabeza siempre en alto. Pero ¿sabes cuál ha sido el máximo valor que me ha dado mi familia Rodrigo y mi familia Yanguas? La capacidad asombrosa que tienen todos de anteponerse a las dificultades, de resolver problemas y mantenerse siempre unidos.

Esta destreza no es casualidad, no es algo innato, es un aprendizaje, una forma de vivir que se va adquiriendo con los años, y en la que el ambiente que te rodea juega un papel crucial en la enseñanza de esta estrategia para poder afrontar asiduamente y con proactividad los jaques que la vida te pone.

Cuando jugamos una partida de ajedrez, estamos tratando de resolver problemas desde el comienzo, problemas interpersonales que nos va poniendo el rival para tratar de ganarnos la partida, pero también problemas intrapersonales, con nuestro mundo interior, ya que el ajedrez no deja de ser una lucha interna con los propios pensamientos y sentimientos en cada jugada. Me gusta decir que el ajedrez nutre en perspicacia, haciendo que desarrollemos un sexto sentido en percatarnos de los pequeños detalles que pasan inadvertidos, pero que a la hora de jugar en la vida son importantes.

En tu partida de vida puedes diferenciar dos tipos de problemas: los latentes, aquellos que no hay consciencia de que existen; y los explícitos, aquellos que son aparentes y reconocidos.

MIS CHICAS DE ORO

Echando la vista atrás, lo cierto es que ya son muchos los años que llevo impartiendo clases de ajedrez y es algo que me llena el corazón. Por mí han pasado cientos de alumnos de edades diversas, aunque especialmente nenes pequeños. De todos ellos, de cada clase, guardo un cariño enorme y todos mis aprendices han ido construyendo un pedacito de mi ser. Sin embargo, hay uno en especial que para mí es pura magia.

Con frecuencia, realizo actividades en una escuela en Madrid que se llama Ajedrez con Cabeza, que dirigen Pedro y Pablo. El propósito de esta escuela es enseñar ajedrez para la vida, como una herramienta cognitiva y emocional, dejando de lado la parte competitiva. Es más, cuando alguien se inscribe en este club, no suele competir en ligas oficiales, solo asiste para pasarlo bien y disfrutar. Aunque ahora ya tienen una parte de ajedrez competitivo, aun así siguen manteniendo la esencia del club: ¡jugar ajedrez para entrenar en la vida!

Pues bien, todos los viernes de once a doce de la mañana acuden a clases entre ocho y diez mujeres, con una media de edad de unos setenta años. Cuando Pedro me lo contó, me dejó fascinada, ¡todas habían empezado de cero! Por lo que quise pasarme un día a darles una clase en persona y verlo con mis propios ojos. ¡Y allí estaba todo el grupo, las chicas de oro, con ojos expectantes porque les enseñara algo nuevo de ajedrez!

Hablamos un rato y les pregunté por qué se habían animado a jugar al ajedrez. Las respuestas fueron muy variopintas: para entrenar la mente, porque les hacía superarse o porque les hacía pensar y atender; sin embargo, todas llegaron a la conclusión de que las dos razones principales eran para poder jugar con sus nietos y para estar activas mentalmente, resolviendo problemas.

¡Pero eso no es todo! Ahora se van de vacaciones a Conil para entrenar ajedrez todas juntas. Lo cierto es que siento una máxima admiración hacia cada una. ¡Gracias! ¿Sabes? De mayor quiero ser como ellas.

Cuando tratamos de resolver los diferentes problemas en mitad de una partida, debemos atender a las piezas, la relación que hay entre estas y la prioridad que le damos a cada uno de estos problemas. Al igual que ocurre en el ajedrez, en la vida debes ser consciente de las prioridades que tienes porque de esta forma podrás dar mayor valor a aquellas dificultades que para ti son las más importantes.

El ajedrez es una lucha constante contra el rival, pero también contra ti mismo, contra tu mundo interior de emociones y pensamientos. Estos querrán danzar a su aire, pero debes ser capaz de aprender a manejarlos para que acaben jugando en tu bando.

Para que puedas tomar conciencia sobre las prioridades de tu vida, me gusta realizar un ejercicio que llamo El tablero de mi vida, que está basado en la técnica La rueda de la vida, originada por Paul J. Meyer. El objetivo de este ejercicio es hacer *stop* en tu frenética vida y reflexionar sobre qué aspectos centrales, qué piezas componen tu partida de ajedrez.

Reflexión 21. El tablero de la vida

En esta actividad te propongo que realices tu propio tablero para que seas consciente de la visión que tienes de tu vida y de tus áreas. Para ello, primero haz una lista apuntando qué parcelas de tu vida tienen más importancia. Te pongo algunos ejemplos.

Parcelas que tienen importancia en mi vida
1. Salud
2. Trabajo
3. Amigos
4. Familia
5. Desarrollo personal
6. Diversión
7. Finanzas
8. Pareja

A continuación, coge el tablero de ajedrez y en cada una de las columnas escribe las parcelas que has indicado en el punto 1. Puedes ver un ejemplo en el dibujo que aparece abajo.

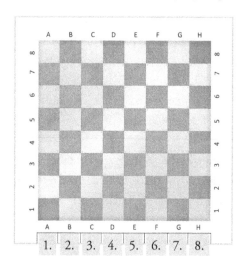

1. Salud
2. Trabajo
3. Amigos
4. Familia
5. Desarrollo personal
6. Diversión
7. Finanzas
8. Pareja

Ahora llega el momento de evaluar cada una de estas parcelas del 1 al 8.

Pinta cada una de las columnas y pon una señal hasta llegar a la puntuación que quieras otorgarle, sabiendo que el 1 es el más negativo y el 8 más positivo.

Una vez evaluadas tus parcelas, es el momento de unir con una línea todos los puntos que has marcado. La unión de estos en cada persona será totalmente diferente, porque es una representación, un reflejo de la vida particular de cada uno.

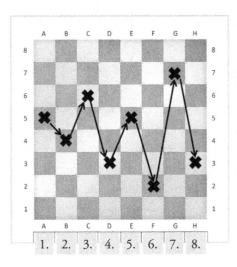

1. Salud

2. Trabajo

3. Amigos

4. Familia

5. Desarrollo personal

6. Diversión

7. Finanzas

8. Pareja

¡Aquí te dejo un tablero de vida para que puedas armar el tuyo!

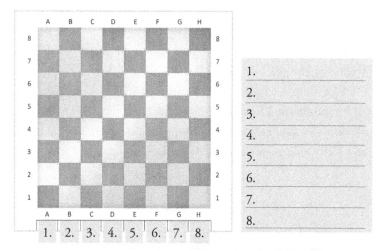

¿Ya lo has rellenado? Pues una vez que tengas la gráfica, es el momento de interpretar qué es lo que te quiere decir. Primero puedes ir parcela por parcela preguntándote por qué esa puntuación, ¿Has pensado a qué estás dedicando tu tiempo de ocio? ¿Estás contento en el trabajo? ¿Te sientes autorrealizado? ¿Sabes quiénes son tus amigos?… Después, puedes realizar una interpretación más general del dibujo hallado. Si la forma obtenida es una línea con muchos picos o una muy baja, quiere decir que hay parcelas en tu vida que puedes mejorar. Y es en estas áreas en las que tienes que focalizar tu atención, debes priorizar y ponerte en marcha para resolver los jaques que aparecen en ellas.

Para tratar de comprenderlo mejor, vamos a interpretar el gráfico de nuestro ejemplo. En él puedes observar cómo la persona tiene una gran satisfacción en las parcelas de amigos y finanzas; sin embargo, en la de familia, diversión y pareja se puntúa de manera baja. Con este simple ejercicio ya tienes el diagnóstico realizado y este debe ser el punto de arranque. Ahora es el momento de trabajar prioritariamente en estas tres parcelas más deficitarias.

El ejercicio del tablero de tu vida te brinda la oportunidad de obtener una nueva perspectiva de las diferentes parcelas que componen tu día a día, identificando la importancia que le das a cada una de ellas y el nivel de satisfacción global que tienes en cada esfera. También es una herramienta facilitadora para la toma de decisiones con relación a saber cuál es la parcela prioritaria que debes mejorar y, por ende, es un motivador del cambio, ya que muestra la dirección que has de seguir, focalizando y movilizando tu esfuerzo y energía. Además, al ser una representación gráfica, es una herramienta ideal para visualizar los progresos que vas consiguiendo con el tiempo.

Indudablemente, en una partida de ajedrez y en la vida misma, existen problemas tan complejos que para resolverlos no hay una solución sencilla y nos obligan a cambiar nuestra perspectiva, a mirar el problema de otra forma y aprender que existen diferentes caminos, diferentes movimientos que pueden tratar de solucionarlo. Cuando echamos la vista atrás a la partida que estamos jugando en la vida, podemos observar que muchos momentos vividos de felicidad y satisfacción coinciden con momentos en los que hemos superado obstáculos y desafíos, sacrificando nuestras propias piezas para conseguirlo.

Con relación a esto, y como ya hemos visto en un capítulo anterior, podríamos decir que hay dos clases de jugadores: aquellos que ante las adversidades, los jaques de la vida, tiran rápidamente su rey sin querer luchar la partida, mostrando poca tolerancia a la frustración y evitando las dificultades; y aquellos que encaran los problemas, los jaques, como un desafío y una oportunidad de crecer y avanzar hacia la conquista de la partida.

Es importante ser conscientes de que los problemas, las dificultades, son parte de la vida cotidiana, sabiendo que el éxito y el fracaso son dos caras de la misma moneda y que no todos los días se puede ganar la partida, por lo que no queda otro remedio que aprender a resolver los problemas de la mejor forma si queremos conseguir un equilibrio emocional.

Debes empezar a asumir que los problemas son una parte inevitable de la vida. Sin embargo, el carácter y la acción para hacerles frente, eso sí que depende de ti. Jugar al ajedrez te entrena en la habilidad de resolver problemas, anteponerte a las dificultades y trazar un plan para tratar de solventarlos. Y ¡claro que también te enseña a saber poner dificultades al rival!

Uno de los pilares básicos en la resolución de problemas es poseer buenas habilidades en la gestión de las emociones, autoconocerte y tener un buen control emocional, sabiendo manejar las emociones para que jueguen a tu favor. Para comenzar, trata de detectar en ti aquellas tendencias psicológicas que únicamente están obstaculizando tu búsqueda de soluciones. Algunas de ellas son:

—El perfeccionismo, la búsqueda constante de la «mejor jugada, la mejor solución» ante la vida, postergando la puesta en marcha de tu siguiente movimiento. Esto se produce por el miedo a fallar, a cometer errores.

—La evitación del problema y, por ende, la búsqueda de jugadas. Esto produce que se genere en ti un runrún de preocupación constante en tu cabeza, incrementándose la percepción de jaque y malestar. Rehuir los problemas hace que tu autoconfianza se tambalee.

—La impulsividad hace que se precipiten respuestas sin pensar, sin analizar las consecuencias y sin buscar las diferentes soluciones que pueden existir ante el jaque.

—La desregulación emocional hace que no exista una armonía entre la emoción, el pensamiento y el comportamiento, provocando una hiperreactividad emocional, es decir, la experimentación de emociones muy intensas sin tener una buena capacidad para autocontrolarlas. Esto puede producir la autogeneración de emociones negativas, malas estrategias de afrontamiento ante los problemas y, en general, un desequilibrio en tu ser.

También es necesario mostrar una actitud proactiva hacia la búsqueda de posibles soluciones ante los jaques de la vida. Trata de cambiar el chip y pasa a valorar estos como oportunidades de aprendizaje. No te dejes arrastrar por una actitud pesimista que considera los jaques como amenazas que acaban interfiriendo en la búsqueda de soluciones y que promueven la aparición de emociones como la frustración y la ansiedad dentro de ti. Además, con la práctica de enfrentarte a los jaques de la vida, vas adquiriendo bagaje y herramientas con las que llenarás tu mochila de vida para poder solucionar problemas futuros. Estas herramientas te brindan una mayor percepción de control ante los problemas, una mayor autoeficacia y, por lo tanto, una mayor autoestima.

> Para ser capaz de enfrentarte a los problemas, el primer paso es autoconocerte, observando si en ti existe alguna tendencia psicológica que te esté bloqueando e interfiriendo en la resolución. A continuación, vislumbra cada jaque como una oportunidad de aprendizaje para seguir escribiendo tu partida de vida.

Te recomiendo cuatro pasos para enfrentarte racionalmente a los jaques del futuro.

—El primero es tratar de definir y formular con exactitud el jaque a tu rey (¿qué problema estoy teniendo?, ¿qué obstáculos están por el camino?).

—El segundo es tratar de buscar diferentes alternativas a la amenaza del jaque (por ejemplo, ignorando el problema apartando a tu rey de la amenaza; enfrentándote al problema capturando la pieza que amenaza a tu rey o colocándote una coraza y tragándote el problema, poniendo una pieza delante del rey para defenderlo).

—El tercero es seleccionar la mejor solución posible de las indicadas en el paso dos y trazar un plan para llevarla a cabo.

—El cuarto será de puesta en marcha y comprobación del resultado. Es el momento de evaluar si ha funcionado la solución que has pensado, reevalúa cómo te encuentras ahora y piensa qué cosas puedes mejorar para la siguiente vez. ¿Qué te parece si para hacer la reevaluación empleas la técnica del tablero de tu vida?

Ahora te invito a que te tomes un tiempo para reflexionar y realizar esta actividad con el objetivo de que seas consciente del problema que te está aturdiendo y te ayude a buscar una actuación para poder solucionarlo.

Reflexión 22. Actuación ante los jaques de la vida

	Ejemplo	Tu respuesta
El jaque de mi vida es...	*Estoy trabajando de dependiente en una tienda, pero en realidad quiero ser veterinario.*	
La mejor solución es...	*Tratar de realizar la carrera de veterinario para poder cumplir mi sueño.*	

La estrategia para ponerlo en marcha es...	Apuntarme a la universidad.	
Para ponerlo en marcha necesito...	Ahorrar algo de dinero para poder apuntarme a la carrera. Tendré que mirar horarios por si puedo compatibilizarlos con mi trabajo de dependiente, si no lo tendré que dejar.	

La resolución de conflictos es un conjunto de habilidades que se van adquiriendo con práctica a lo largo de nuestra vida. Para llevar a cabo esta destreza de manera exitosa recuerda la importancia de centrar tu foco atencional en la búsqueda de una solución, ten una actitud proactiva no permitiendo que los fantasmas del miedo se apoderen de ti, mantén siempre un equilibrio emocional y trata de simplificar al máximo las cosas, priorizando aquellas parcelas que son las más importantes para ti.

APRENDIZAJES

1. El ejercicio El tablero de la vida te ayuda a priorizar y tomar conciencia de las parcelas que quieres mejorar.
2. La vida está conformada por continuos jaques, pero depende de ti ser un buscador proactivo de soluciones.
3. Presta atención a las tendencias psicológicas que te frenan en la búsqueda de soluciones.
4. Pon en marcha los cuatro pasos cognitivos para enfrentarte a los problemas.

15

EL AJEDREZ COMO LOS PASOS, CREANDO SENDEROS

Para mí el ajedrez se puede reducir a la palabra china *chi*, ese aliento de aire que hace unir las emociones, la mente y el espíritu alrededor de las 64 casillas. El mundo se detiene, solo existo yo con mi respiración, mi diálogo interno inquebrantable y mi mano esclava de mi maquinaria cerebral, que solo tiene que obedecer las órdenes que le dicten. El resto del mundo puede esperar.

NOTO el revuelo de los pensamientos buscando incesantemente jugadas por todos los rincones del tablero, jugadas latentes que parecen no existir, pero necesito hacer que sí existan, que aparezcan ante mis ojos para resolver los problemas que me va poniendo el rival.

PIENSO el modo perfecto en que mi director de orquesta coge la batuta y trata de armonizar todo mi cerebro trazando planes, estrategias malévolas para ganar al adversario, inventando ideas, inhibiendo todos aquellos estímulos que quieran hacer que mi concentración vuele lejos. A veces también me le encuentro buscando en la memoria recuerdos de partidas anteriores para encontrar esos aprendizajes donde fallé y no volver a cometer ese mismo error.

SIENTO el corretear de inquietas mariposas en mi estómago cada vez que se inicia una partida, y en más partidas de las que debieran me acompañan hasta el final. Emociones y sentimientos con mucho ego, queriéndose convertir en protagonistas de cada partida si no los sé gestionar de manera adecuada.

VEO a mis 16 guerreros perfectamente colocados en las dos filas más próximas a mí. Son mis herramientas de juego. Algunos se repiten y otros son totalmente diferentes, con sus características que les hacen únicos e irrepetibles, llenos de magia. Siempre les pido a todos ellos que den lo máximo, necesito que se unan y jueguen en equipo porque, como se dice, la unión hace la fuerza, y si todos mis guerreros juegan unidos, estaremos más cerca de poder dar ese ansiado jaque mate que cualquier jugador anhela hacer.

IMAGINO las 64 casillas como si de un inmenso pero a la vez diáfano escenario se tratase, en donde una irrepetible obra está a punto de comenzar, la cual acabará terminando con un desenlace trágico que aún está por escribir.

> Notar, pensar, sentir, ver e imaginar son MIS VERBOS, los compañeros de vida que me acompañan allá donde mi culo inquieto quiera ir.

NOTO mi mente como si de un motor en marcha se tratase, activa, elocuente, echando chispas de creatividad y buscando ocurrencias para ir sobreviviendo.

PIENSO racionalmente ante los problemas y las adversidades. He aprendido a trazar objetivos a corto, medio y largo plazo. Y a saber que a veces fallan, por lo que no queda más remedio que aceptarlo y volver a empezar.

SIENTO que he pasado infinitas horas en silencio, autoconociéndome y tratando de entender qué emociones estaba percibiendo en cada partida que jugaba. He aprendido a perder y a ganar, y esto me ha hecho ser fuerte emocionalmente para tener el coraje de enfrentarme a los problemas de la vida.

VEO la cantidad de herramientas cognitivas y emocionales que llevo en mi mochila. Valores como la empatía, la constancia, la perseverancia, la humildad, la tolerancia a la frustración, la voluntad, la paciencia, la responsabilidad, que me han hecho convertirme en la mujer que soy.

IMAGINO mi vida como si de una partida de ajedrez se tratase. Ya he pasado la apertura, mi niñez, y ahora me encuentro en el medio juego, donde me veo preguntándome quién soy, valorando mi posición en la vida, qué personas, qué piezas son fundamentales y cuáles podría sacrificar, qué recursos, fortalezas y debilidades tengo, tratando de establecer mi objetivo de vida, priorizando aquello que de verdad siento que merece la pena y buscando planes y estrategias para conseguir dar ese jaque mate que tanto anhelo dar.

Gracias, mi ajedrez.

Epílogo.
La magia del ajedrez

¿Con qué palabras definirías al ajedrez? Yo lo haría con la palabra VIDA, tanto en sentido metafórico como literal. Cada vez que me siento delante del tablero y miro con delicadeza a mis 16 piezas, soy consciente de que voy a dar comienzo a una nueva vida para mí, será única, irrepetible, breve, pero a la vez cargada de energía y de vibras, de pensamientos incesantes que fluctuarán por mi cabeza sin detenerse.

En susurro, les pido a mis 16 guerreros que den lo máximo, que confíen. Tengo la manía de colocar los caballos siempre mirándose entre ellos, en la distancia, pero manteniendo el contacto visual. Son mi tándem perfecto y quiero que lo sientan. Estrecho la mano al rival y me gusta comenzar lanzando a uno de mis soldados al frente del tablero, marcando territorio y que sepa mi adversario que allá voy. Y de esta forma tan sencilla una nueva vida da comienzo.

Durante la partida pasamos por fases —apertura, medio juego, final— al igual que en la vida —niñez, adultez y vejez—, y todas ellas con sus particularidades. Nos enfrentamos a situaciones increíblemente buenas y otras que no lo son. Pero seguimos jugando, caminando, aprendiendo que es mejor que nuestras piezas jueguen juntas, que formen un equipo, a que cada una vaya por su lado.

Aprendemos a priorizar, sabiendo que lo primero es la atención a los jaques en la vida, a nuestra salud y autocuidado; el resto, en realidad, puede esperar.

Aprendemos a pensar, a razonar y a trazar planes a corto, medio y largo plazo, siempre marcando una dirección en nuestro rumbo, un objetivo en el que enfocarnos para tratar de conseguir alcanzar el tan ansiado jaque mate.

Aprendemos a retroceder, a echar para atrás alguna de nuestras piezas cuando nos hemos equivocado, hacernos tortugas metiéndonos dentro del caparazón para recargar energías y que nuestra pieza salga de nuevo con el doble de fuerza.

Aprendemos el valor de la responsabilidad, nos hacemos conscientes de que todas las decisiones que tomamos, cada una de nuestras jugadas, son importantes, y que un movimiento en vano puede hacer que precipitemos el resultado de la partida.

Aprendemos que la impulsividad puede llegar a ser terriblemente cruel, jugándonos malas pasadas y realizando malos movimientos. Que el mirar, el pensar, el analizar las diferentes opciones y el mover es el mejor antídoto para frenarla.

Aprendemos a sentir el mundo emocional vivo en nuestro interior, esa cápsula en la que se combinan todo tipo de emociones, algunas que nos agradan y otras que acabamos detestando. Esos destellos que tratamos de poner en palabras para darnos una explicación del porqué de este fuego emocional que nos invade a cada movimiento de nuestro día a día: miedo, tranquilidad, incertidumbre, sorpresa, alegría…

Aprendemos que si no nos autoconocemos y sabemos gestionar nuestro hábitat emocional, este se puede llegar a convertir en el rival, haciendo que interfiera en los pensamientos, creándonos inseguridades, ansiedades, baja autoestima…, lo que hace que la partida que estemos jugando sea monocromática, sin ningún tinte de color y esperanza.

Aprendemos a empatizar, sabiendo que delante de nosotros tenemos a un rival que también nos quiere ganar la partida. A cada movimiento nos ponemos en su piel para tratar de entender qué está sintiendo, qué intenciones tiene, y de esta forma poder ajustar nuestra jugada a sus expectativas.

Aprendemos que los problemas vendrán, que el rival nos lo pondrá realmente difícil, pero que depende de nosotros tener la fortaleza para superarnos en el día a día, centrándonos en el camino y no en el resultado, comparándonos únicamente con nuestro yo del pasado y tratando de concentrarnos en todo aquello que depende de nosotros, en nuestros movimientos, y no focalizando en aquello que se escapa de nuestro control, en el resultado.

Con el paso del tiempo uno de los reyes caerá en el tablero, haciendo que la partida llegue a su fin. Miro a mi contrincante y le estrecho la mano. Coloco mis piezas y susurrando les pregunto si han dado lo mejor de ellas; con eso es suficiente. Con cada vida que jugamos aprendemos que la victoria y la derrota son dos caras de la misma moneda. Que una derrota bien luchada es sinónimo de superación personal y de aprendizaje. Que la victoria es un chute increíble de autoestima, de saber que vamos por el buen camino y que tanto esfuerzo anterior vale la pena. Las piezas se colocan en su casilla de origen para comenzar a crear una nueva vida.

Ajedrez es vida literal. Es una potente herramienta de entrenamiento mental que nos permite que el cerebro esté vivo, que las neuronas se enciendan, se desperecen y comiencen a establecer conexiones entre ellas. Pensando, atendiendo, memorizando, creando, calculando, razonando, flexibilizando, empatizando, y todo ello impregnado desde el juego.

Aquel abril de 1995 mis padres decidieron realizar el primer movimiento por mí. Avanzaron el peón a la casilla e4. Una jugada insignificante, pero que serendipiamente sería la que marcaría el resto de mi vida. Me dieron las riendas, depositaron toda su confianza en mí para que fuera yo la que continuara la partida, desarrollando mis piezas, protegiendo a mi rey y que siempre tratara de comerme el mundo, buscando dar jaque mate.

Jugada a jugada he ido escribiendo mi partida de vida, momentos increíblemente buenos, otros con piedras que me obstaculizaron el camino y de las que pensaba que no iba a tener la fuerza para retirarlas. He subido cuestas que, te prometo, pensaba que nunca acabarían, pero al llegar a la cima he divisado el tan ansiado horizonte. He bajado cuestas en bicicleta sin manos ni pies, donde notaba el aire fresco estamparse sobre mi rostro feliz, creyéndome insuperable.

He tenido que despedir a piezas, mis queridos abuelos, amigos a los que su jaque mate acabó llegando. En 2016 la serendipia se cruzó de nuevo en mi camino, abriéndome la mente y descubriendo el potencial que se esconde detrás de este juego. Ahora, continúo jugando mi partida de vida, llevando el ajedrez a la sociedad para que, al igual que para mí fue y es mi medicina, también lo sea para más personas.

¡Que sigamos compartiendo la MAGIA DEL AJEDREZ!

Agradecimientos

A mis padres, a Pablo, a Riwang, a mi yayito y a toda mi familia Rodrigo y Yanguas por ser como sois, por los valores humanos tan increíbles que me enseñáis y por quererme tal como soy.

A mi tita Rosita, por la luz y energía que transmites a la familia.

A María, Raquel, Bea, Ester, Lucía, Miriam y a todos mis amigos y amigas que me habéis acompañado durante estos años. Aquellos que ante cada torneo, cada partida, cada derrota y victoria, siento que estáis ahí.

A los que habéis sido mis profesores de ajedrez, Pablo, Andrés, Divis, Herminio y Espi, porque gracias a vuestra paciencia y dedicación me habéis mostrado la pasión por el ajedrez.

A Guillermo Cabeza, por ser mi primer maestro en enseñarme a dar clases de ajedrez.

A todos mis alumnos y pacientes, por depositar en mí vuestra confianza para enseñaros ajedrez. He aprendido y sigo aprendiendo tanto de cada uno de vosotros.

A mi tutor de tesis, Hilario Blasco, por enseñarme que el ajedrez es más que un deporte.

A Fernand Gobet, mi tutor de estancia del doctorado, por tu dedicación y cariño durante mis cuatro meses en Liverpool. Y por revelarme la importancia de la rigurosidad científica y fomentar mi pensamiento crítico.

A mis compañeros de trabajo en el Hospital Universitario Puerta de Hierro, en especial a María, Mamen y Luis, por confiar en el ajedrez como una herramienta terapéutica y darme la confianza para poder desarrollar los talleres.

A María Ángeles, por seleccionarme para participar en el proyecto Mujer y Ajedrez organizado por ADESP y del que estoy infinitamente agradecida porque ha sido un cambio profesional y personal en mi vida.

A Carmen Hervás, mi mentora, mi yo del futuro. Por enseñarme que las cosas muchas veces no salen como queremos y la importancia de tener un plan B, C, D, E...

A Carolina Martín, mi *coach*, por enseñarme el mundo mágico que ocurre en el silencio.

A Eva Montero, mi psicóloga, por ajustar mi maquinaria mental y emocional en cada una de mis partidas.

A mi casa de ajedrez, Ajedrez con Cabeza, por la labor que estáis realizando para hacer que cada vez más madrileños se estén acercando al ajedrez. A Pedro y a Pablo, por transmitirme vuestras buenas vibras. ¡Que sigamos compartiendo tanto!

A Olga Adeva e Isabel Blasco, por creer en mí para escribir este libro. Aún recuerdo el día que encontré vuestro *email* en mi carpeta de *spam*. ¡Fue tan mágico que una editorial como HarpersCollins se fijara en mí! También me gustaría agradecer a Rosa Rincón y Raquel Cañas por darle formato y estructura a todas y cada una de mis palabras.

A mis referentes ajedrecísticos, Leontxo García, por la labor periodística tan buena que hace acercando el ajedrez a todo el mundo, y a Rey Enigma, mi mágico amigo, nuestro superhéroe ajedrecístico, por la gran difusión que está haciendo del ajedrez.

A todos aquellos que os estáis dedicando a utilizar el ajedrez como herramienta terapéutica, social y educativa, haciendo que cada vez haya más personas que se beneficien de nuestro deporte.

A la plataforma ChessKids, Chess.com y a la Federación Internacional de Ajedrez (FIDE) por dejarme utilizar todo el material gráfico de este libro.

Al que ha sido mi rincón, en el que he creado este libro, la cafetería La Cortá (Carabanchel). Aquella mesa alta al fondo tenía algo especial que me inspiraba. He pasado mil horas tecleando en el ordenador con mi café americano y mi vaso de agua para dejar plasmados estos veintiséis años de mi vida.

Y a ti, lector, por darme la oportunidad de contarte lo que ha sido y es el ajedrez para mí. ¡Gracias!

ANEXOS

Anexo I.
Guía exprés de pre-ajedrez

En este anexo te voy a enseñar en tres minutos lo que es el pre-ajedrez. Aprenderás el conocimiento del tablero y el movimiento de cada una de las piezas. Y solo con esto verás que podrás realizar una multitud de ejercicios de entrenamiento cognitivo y emocional utilizando el ajedrez.

Lo primero, te voy a presentar el tablero. Este está compuesto por 64 casillas, de las cuales 32 son blancas y 32 son negras.

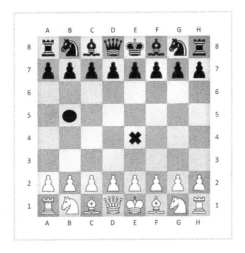

Además, cada una se nombra de una forma diferente atendiendo a las letras que aparecen en cada columna y a los números que aparecen en cada fila. Por ejemplo, la casilla marcada por la X, es la e4. Se encuentra en la columna e y en la fila 4. La casilla marcada por el círculo es la casilla b5, ya que se encuentra en la columna b y en la fila 5.

Ahora, te presento a los 6 protagonistas del juego del ajedrez.

Piezas	Movimiento	
Peón	**Mueve:** De una casilla en una casilla, siempre en línea recta. **Captura:** En diagonal, siempre en la casilla más cercana. (Es la única pieza que lo hace diferente a su movimiento). **Valor:** 1 punto.	
Alfil	**Mueve:** Es una pieza a larga distancia y mueve en diagonal. **Captura:** En diagonal (de la misma forma que mueve). **Valor:** 3 puntos.	
Caballo	**Mueve:** Es una pieza a corta distancia y mueve dibujando una L. **Captura:** Dibujando una L, cuando llega a la casilla final (de la misma forma que mueve). **Valor:** 3 puntos.	

Torre	**Mueve:** Es una pieza a larga distancia y mueve por filas y por columnas. **Captura:** Por filas y por columnas (de la misma forma que mueve). **Valor:** 5 puntos.	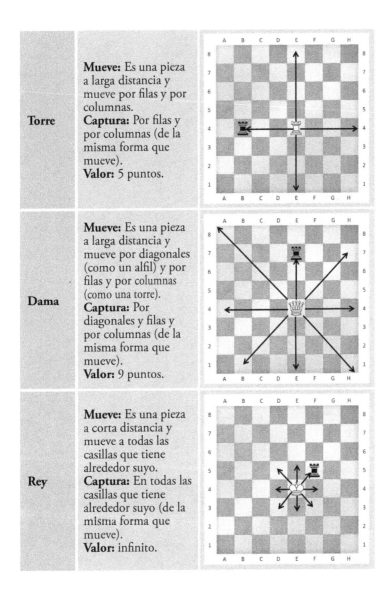
Dama	**Mueve:** Es una pieza a larga distancia y mueve por diagonales (como un alfil) y por filas y por columnas (como una torre). **Captura:** Por diagonales y filas y por columnas (de la misma forma que mueve). **Valor:** 9 puntos.	
Rey	**Mueve:** Es una pieza a corta distancia y mueve a todas las casillas que tiene alrededor suyo. **Captura:** En todas las casillas que tiene alrededor suyo (de la misma forma que mueve). **Valor:** infinito.	

Anexo 2.
Solución a las actividades

En este anexo encontrarás la respuesta a los ocho retos cognitivos que te he ido proponiendo a lo largo del libro.

Reto 1. Cada pieza con su pareja

En este reto el objetivo consistía en unir las piezas de ajedrez que fueran iguales mediante líneas rectas —por filas y por columnas—, haciendo que los caminos no se cruzaran entre sí.

Reto 2. Ajedrez matemático

En este caso, el objetivo era resolver las cuentas matemáticas según el valor de las piezas que aparecen en el recuadro.

♛	♝	♜	♕	♔	♘
-9	-3	+5	+9	+20	+3

	Cuenta ajedrecística	Cuenta Matemática	Resultado
1	♝ + ♕ + ♜	(-3) + (+9) + (+5)	+11
2	♔ - ♜ + ♝	(+20) – (+5) + (-3)	+22
3	♘ + ♕ - ♛	(+3) + (+9) – (-9)	+21
4	♛ x ♝ + ♜	(-9) x (-3) + (5)	-32
5	♕ - ♜ + ♔	(+9) – (+5) + (+20)	24

Reto 3. Sudoku ajedrecístico

El objetivo de esta actividad era rellenar las casillas vacías con las piezas de ajedrez, de tal forma que en cada columna y en cada fila solo apareciera un tipo de pieza.

Reto 4. La torre comilona

En esta actividad la torre debía capturar todas las piezas del color contrario. Recuerda que la torre se mueve por filas y columnas. Hay muchas formas de capturar todas las piezas, aquí te muestro una manera de realizarlo.

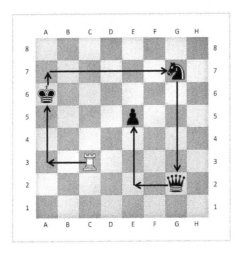

Reto 5. Camino de minas

En este reto debías ir capturando todas las piezas negras sin que para ello pudieras pasar por ninguna casilla que contuviera una mina. En este reto también hay varios caminos posibles, aquí te muestro uno.

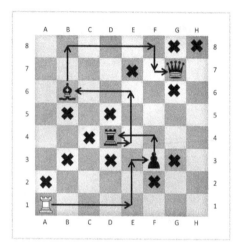

CASILLAS CON MINAS

f2, g3, d5, e7, g8, h8, b3, b5, a2, g6, c4, d3

Reto 6. Contando caballos

En este reto debías mirar el tablero de ajedrez, atender a los caballos que hay y tratar de responder a las cuatro preguntas:

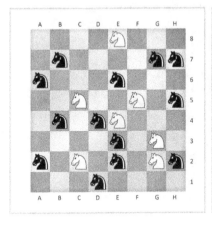

1. ¿Cuántos caballos blancos hay?

   Respuesta: 7.

2. ¿Cuántos caballos negros hay?

   Respuesta: 13.

3. ¿Cuántos caballos blancos en casillas negras hay?

   Respuesta: 2.

4. ¿Cuántos caballos negros en casillas blancas hay?

   Respuesta: 8.

Reto 7. ¡*Go* memoria!

En esta actividad tenías que tratar de memorizar el máximo número de piezas posibles en un minuto.

Reto 8. Las piezas caminantes

En esta actividad debías desplazarte por las casillas del tablero de ajedrez según las indicaciones que fueran dando las piezas hasta conseguir llegar a la casilla diana que se encontraba oculta.

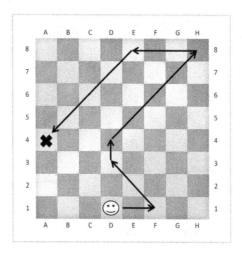

Indicaciones de piezas		
1	♜	2 casillas derecha
2	♝	2 casillas izquierda
3	♟	
4	♝	4 casillas derecha
5	♜	3 casillas izquierda
6	♝	4 casillas izquierda
La casilla diana es a4		

MARÍA RODRIGO YANGUAS

Madrid, Carabanchel 1990. Soy psicóloga sanitaria por la Universidad Complutense de Madrid y Doctora en Psicología por la Universidad Autónoma de Madrid. Tengo un Máster en Psicología de la Actividad Física y del Deporte. En el ámbito ajedrecístico, comencé a jugar al ajedrez con apenas cinco años hasta el día de hoy. He disputado numerosos torneos nacionales e internacionales, llegando a conseguir el título de Maestra Fide de Ajedrez en el 2009. Actualmente trabajo realizando talleres de Ajedrez Terapéutico, doy conferencias y creo contenido en la plataforma chess.com. Soy la presidenta de la Comisión Mujer y Ajedrez de la Federación Española de Ajedrez (FEDA) y entrenadora del grupo de alto rendimiento sub08-10 de la FEDA. Me considero una apasionada del deporte, de los viajes, de un buen libro con un café y amante de las charlas interminables con vino queriendo cambiar el mundo.

Printed in the USA
CPSIA information can be obtained
at www.ICGtesting.com
JSHW020734241124
74188JS00012B/14